Jessica Lütge

Die spirituelle Schatzkiste für Familien

Jessica Lütge

Die Spirituelle Schatzkiste für Familien

111 Ideen und Spiele

SILBERSCHNUR VERLAG

MIX
Papier aus verantwortungsvollen Quellen
FSC® C014138

ISBN: 978-3-89845-394-3

1. Auflage 2013

Gestaltung: XPresentation, Güllesheim; unter Verwendung verschiedener Motive von www.fotolia.com;
Druck: Finidr, s.r.o. Cesky Tesin

Verlag »Die Silberschnur« GmbH · Steinstr. 1 · 56593 Güllesheim
www.silberschnur.de · E-Mail: info@silberschnur.de

Inhalt

Vorwort

In der neuen Zeit verändert sich vieles. Hast du manchmal auch das Gefühl, dass die Zeit viel schneller vergeht? Eben hast du noch Silvester gefeiert, und schon stehen bald wieder die Lebkuchen im Regal. Doch nicht nur die Wahrnehmung der Zeit verändert sich. Neben den äußerlich sichtbaren Veränderungen in der Natur oder in der Gesellschaft geht es doch vor allem um unsere inneren Veränderungen. Vieles, was jahrelang einfach so gelaufen ist, funktioniert jetzt nicht mehr. Eingefahrene Routinen brechen auf. Manchmal ist dies ein sehr schöner und aufregender Prozess, manchmal wirst du jedoch geradezu verunsichert. Als ob du nicht schon genug mit dir selbst zu tun hättest, ist auch so einiges in deinem direkten Umfeld im Wandel begriffen. Segen des Wandels – herzlich willkommen auch in deiner Familie!

Gerade mit Kindern erfahren wir viel frischen Wind in unserem Leben, sodass unsere Lebensreise immer wieder voller Überraschungen ist. Ob du mit Partner und Kind lebst, alleine mit Kindern, in einer Großfamilie oder ob dir Kinder als Großeltern, Lehrerin oder Erzieher anvertraut wurden: Du hast ein großartiges Geschenk für dein spirituelles Wachstum erhalten. Bestimmt gehören zu deiner Seelenfamilie Kinder, und du hast schon häufig dein inneres Kind in den Arm genommen.

Gemeinsame Wertschätzung, Geborgenheit und Liebe müssen nichts mit großartigen Dingen zu tun haben. Wertschätzung ist auch einfach eine

Annahme des anderen, so wie er nun mal gerade ist, mit seinen ganzen Eigenschaften. Im Grunde geht es auch darum, gerade die kleinen »Macken« von sich zu achten, denn sie machen uns ja ganz besonders. Und das Schöne daran: Auch du musst nicht in allen Bereichen perfekt sein. Auch du hast das Recht, so angenommen zu werden, wie du selbst bist, auch beispielsweise mit deiner Unordentlichkeit oder Unpünktlichkeit.

Du bist ein wertvoller Schatz für deine Familie und genau an der richtigen Stelle, wo du gerade bist, genau hier und jetzt. Du musst dich nicht infrage stellen, denn alles, was du brauchst, hast du schon in dir. Du wirst bereits geliebt und anerkannt. Doch manchmal braucht man einfach kleine Zeichen der Gemeinsamkeit, Augenblicke oder Stunden, gemeinsame Rituale oder spontane Überraschungen, die liebevolles Verständnis und einfach ein Wohlgefühl entstehen lassen. Vielleicht möchtet ihr noch viel mehr jeden Tag erfahren: Wie ihr euch gemeinsam getragen fühlt, euch wahrnehmt und spürt? Wie ihr euch spielerisch und lichtvoll vertraut? Wie ihr euch anerkennt, kreativ seid und zuversichtlich werdet? Probiert gemeinsam die Ideen in diesem Buch aus, und es wird sich einiges noch mehr zum Positiven hin verändern. Die gemeinsame Wertschätzung, das Getragensein und die liebevolle Geborgenheit werden euch noch mehr Kraft geben.

In diesem Buch findet ihr viele Tipps, Ideen, Spiele, gemeinsame Entspannungsangebote und Wohlfühlmomente. Manche bringen ganz schnell wieder frische Energie, andere zaubern ganz viele glückliche Momente und wieder andere lassen ein besonderes Gemeinschaftsgefühl entstehen. Das Schöne daran: Du kannst alle Angebote mit deinen Kindern gemeinsam ausprobieren, mit kleineren und größeren. Oftmals ist es ja so, dass du viel für deine Kinder tust, aber dabei selbst ein bisschen auf der Strecke bleibst, oder du machst etwas für dich und hast dann ein schlechtes Gewissen deinen Kindern gegenüber. Mit diesen Ideen ist es aber ganz anders. Sie sind für euch alle gemeinsam da! Gönnt euch ein bisschen stressfreie Zeit zusammen, denn alle Angebote sind so gestaltet, dass Erwachsene und Kinder gleichermaßen Spaß haben sollen.

Je nachdem, welche Bedürfnisse ihr habt, könnt ihr euch an den Tipps und Übungen wie an einem Buffet bedienen: von jedem mal ein Häppchen probieren oder auch ein wenig intensiver kosten. Und wenn ihr alles noch mit einem großen Esslöffel Humor würzt, lacht auch das Universum mit euch.

Zur Einstimmung möchte ich euch einen Segen mitgeben:

Segen der Liebe und Wertschätzung

Möget ihr euch geliebt
und getragen fühlen,
gestärkt und voller Zuversicht,
vom Universum umsorgt
und geliebt,
mit allem verbunden
in Liebe und Freude.

1.

Wertschätzen und anerkennen

Gemeinsames Herz der Liebe

Das braucht ihr:
DIN-A4-Papier, Bleistift zum Vorzeichnen, für jeden ein weißes T-Shirt, Stoffmalfarbe

Genießt es besonders, wenn ...
alle das Gefühl der Zusammengehörigkeit wieder intensiv erleben wollen.

So geht's:

Symbole haben oft eine große Wirkung, und ein Gemeinschaftssymbol stärkt euch ganz besonders. Es kann auch sehr beschützend wirken, wenn jemand von euch ein paar Tage einmal nicht da ist oder ihr einen besonderen Schmuck gerne bei euch tragt.

Als Symbol eurer gegenseitigen Liebe eignet sich sehr gut ein Herz. Überlegt nun gemeinsam, welche Grundfarben das Herz haben soll. Es muss ja nicht immer rot sein. Manchmal wirkt auch eine Komposition aus Rosa, Grün und Gold sehr heilend. Zeichnet auf ein DIN-A4-Papier ein großes Herz, und probiert die Farben aus, bis sie für alle stimmig sind.

Als nächsten Schritt überlegt gemeinsam, welches Tier zu euch passen könnte. Gibt es ein Tier, das alle in der Familie mögen? Fühlt ihr euch alle zusammen oft stark wie ein Elefant oder so leicht wie ein bunter Paradiesvogel? Seid ihr spielerisch wie lustige Delphine? Vielleicht entscheidet ihr auch, dass zwei Tiere gut zu euch passen.

Als dritten Schritt überlegt ihr, was ihr gerne zusammen macht. Liebt ihr Spieleabende, oder unternehmt ihr gerne etwas zusammen? Gibt es etwas, das euch alle zusammen immer wieder sehr erfreut? Dann wäre dies auch eine tolle Gemeinsamkeit, die ihr in euer Herz der Liebe übernehmen könnt.

Füllt nun das Herz eurer Liebe mit den Farben, die zu allen passen, mit dem Krafttier, das euch symbolisiert, und einer Zeichnung eurer Gemeinsamkeit, die euch allen Freude bereitet. Übertragt jetzt das Herz der Liebe mit Stoffmalfarbe auf eure T-Shirts oder vielleicht auch auf ein Kuschelkissen. So habt ihr einen wunderschönen fühlbaren Ausdruck eurer Gemeinsamkeit, der euch Kraft und Freude schenkt.

Extra-Glücks-Tipp:

Ihr könnt das Herz der Liebe auch im Copyshop auf eure T-Shirts drucken lassen. Nun darf jeder noch mit Stoffmalfarbe seinen eigenen Vornamen auf das T-Shirt schreiben. Oder ihr denkt euch einen gemeinsamen Namen der Liebe aus, den ihr zusätzlich in bunten Farben aufschreibt oder malt.

Gute-Laune-Schatzkiste

Das braucht ihr:
mittelgroße Kiste aus Holz oder Karton, Bastelmaterial zum Verzieren, klitzekleine kunterbunte Ideen zum Befüllen

Genießt es besonders, wenn ...
jemand dringend Trost braucht, aber Kuscheln nicht ausreicht.

So geht's:

An einigen Tagen hat man so einen richtigen Durchhänger: Nichts geht mehr, alles ist schiefgelaufen, man kann sich so gar nicht aufraffen. Dein Kind wurde geärgert, oder du hast einen wichtigen Termin versäumt. In solchen Fällen muntert ein Griff in die Gute-Laune-Schatzkiste wieder auf. Bereitet für solche »Notfälle« gemeinsam individuelle Gute-Laune-Schätze vor.

Dies sind zum Beispiel:

- eine Engel-Karte
- ein Spruch, der dir guttut
- ein Gutschein für ein Picknick
- eine Geschichte zum Vorlesen aussuchen
- ein schöner Stein mit Muster

- gemeinsam den Lieblingspudding kochen und mit Gummibärchen verzieren
- Mini-Kuscheltier
- ein Riegel Luxus-Schokolade
- Mini-Motivations-Buch
- ein Landschaftsbild vom nächsten Urlaubsziel
- Gutschein für einmal Nicht-staubsaugen-Müssen

Beklebt eure Gute-Laune-Schatzkiste mit schönen Motiven. Schneidet dazu selbst Herzen, Sterne oder andere Symbole aus, die euch guttun und glücklich stimmen. Befestigt auch besondere Muscheln, leuchtende Steine oder verschiedene Stoffe an eurer Gute-Laune-Kiste, sodass euch schon der Blick auf sie fröhlich stimmt.

Beschriftet nun bunte Blätter mit den schönen Sprüchen und kleinen Gutscheinen, legt Engel-Karten, einen hübschen Schmuckstein oder ein Mini-Kuscheltier in eure Schatzkiste. Besonders schön wird es, wenn ihr die Kiste vorher noch mit etwas weichem Samt ausschlagt.

Wenn sich jemand einmal trotz Trost und Kuscheln immer noch nicht gut fühlt, darf auch einmal in die Gute-Laune-Schatzkiste gegriffen werden – natürlich mit geschlossenen Augen. Und – wie fühlst du dich nun?

Extra-Glücks-Tipp:

Die Gute-Laune-Schatzkiste sollte wirklich etwas für besondere Gelegenheiten sein, aber dann zaubert sie ganz schnell ein Lächeln aufs Gesicht. Denkt daran, sie immer wieder aufzufüllen.

Das mag ich an dir

Das braucht ihr:
Tapetenrolle, Buntstifte, Wachsmaler, eventuell Bilder von schönen Landschaften

Genießt es besonders, wenn …
die Atmosphäre in der ganzen Familie dauerhaft fröhlicher und positiver werden soll.

So geht's:

Es gibt so viele wundervolle Eigenschaften, über die man sich jeden Tag am anderen freuen kann. Schaut sie euch doch gemeinsam an:

Rollt zunächst die Tapetenrolle ab, und schneidet sie in zwei Meter lange Stücke. Damit die Stücke glatt liegen, könnt ihr sie mit Kreppband auf den Boden kleben. Das funktioniert auch bei glatten Teppichen. Bei flauschigem Untergrund beschwert ihr die Tapetenstücke an allen Ecken mit Blumentöpfen, Büchern oder was ihr gerade zur Hand habt. Jetzt geht es richtig los. Der Jüngste aus eurer Familie legt sich nun mit dem Rücken auf das Tapetenstück. Wer von euch möchte, nimmt einen Stift und malt den Körperumriss auf dem Tapetenstück nach. Wenn ihr mögt, wechselt euch beim Malen ab. Manchmal ist das Malen ganz schön kitzelig. Seid ihr fertig? Dann darf euer Modell aufstehen.

Ein Tipp: Probiert verschiedene Körperhaltungen im Liegen aus. Du kannst auf dem Rücken liegen mit den Armen nach unten, sie nach oben strecken oder lustig anwinkeln. Auch die Beine kannst du geschlossen halten, grätschen, knicken wie im Sprung etc.

Wenn ihr die Arme etwas vom Körper weghaltet und eure Umrisse hinterher ausschneidet und nebeneinander legt, sieht es so aus, als würdet ihr euch anfassen.

Malt eure Umrisse nebeneinander auf. Jeder kommt natürlich dran. Nun überlegt gemeinsam, welche tollen Eigenschaften jeder von euch hat. Manchmal fühlt es sich ungewohnt an, den anderen von den eigenen Fähigkeiten oder Eigenschaften zu berichten. Aber keine Sorge: Ihr könnt euch gegenseitig unterstützen und euch eure Fähigkeiten auch zum Geschenk machen. Such dir bunte Farben aus, die zu deinen Eigenschaften und Fähigkeiten passen, und schreibe oder male sie in deinen Umriss hinein. Spür noch einmal nach, wo der beste Platz dafür ist. Passt deine gute Laune, die oft wie eine helle Sonne wirkt, eher in deinen Bauch oder in deinen Kopf? Und wo gehört dein kunterbuntes Maltalent hin? In deine Hand oder deine Beine? Manchmal fühlst du Körperstellen, die genau passen, auch wenn sie zunächst gar keine Verbindung mit der Eigenschaft an sich haben. Lass dich einfach führen. Welche Farben stimmen für dich?

Wenn jeder mit der Hilfe der anderen den Umriss fertiggestellt hat, würdigt ihr gemeinsam alle wunderschönen Umrisse mit euren fantastischen Fähigkeiten. Vielleicht staunt ihr, wie gerade kleine Kinder den Umriss regenbogenbunt anmalen. Anschließend könnt ihr eure Umrisse ausschneiden. Hängt sie doch gemeinsam an einer Wand auf. Besonders schön ist es im Flur. So seht ihr jeden Tag beim Heimkommen oder Abschied eure Verbundenheit, und ihr erhaltet sofort ein paar »Streicheleinheiten«, die jedem guttun.

Extra-Glücks-Tipp:

Ihr könnt in eure Umrisse auch eure Lieblingslandschaften malen oder kleben, eure Hoffnungen, Träume und alles, was euch viel bedeutet. Vielleicht erlaubt ihr euch auch gegenseitig, positive Eigenschaften, auf die ihr gar nicht gekommen wärt, gemeinsam in eure Umrisse zu malen?

Innere Schönheit spiegeln

Das braucht ihr:
etwas Platz

Genießt es besonders, wenn …
die Stimmungslage häufig schwankt oder die Kinder sich gerade ziemlich entmutigt fühlen.

So geht's:

Den ganzen Tag über haben wir viele unterschiedliche Gefühle. Besonders bei Kindern wechselt die Stimmung recht schnell. Wenn dann noch einige negative Erlebnisse hinzukommen, lässt man gleich viel schneller den Kopf hängen.

Stell dich deinem Kind gegenüber, sodass ihr etwas Platz habt. Erzähle deinem Kind, dass man Gefühle auf ganz verschiedene Arten ohne Worte zeigen kann. Dein Kind kann einmal vormachen, was es eigentlich schon gut kann. Nach anfänglichem Zögern fällt fast jedem Kind etwas ein. Ansonsten darfst du auch gerne Anregungen geben (zum Beispiel toll malen, laut lachen, Purzelbäume schlagen, schnell laufen, den Tisch alleine decken). Nachdem dein Kind dies pantomimisch vorgespielt hat, spiegelst du nun die Fähigkeit, indem du die Bewegungen möglichst genau wiederholst. Nun wechselt ihr euch ab, und du stellst pantomimisch eine Fähigkeit von dir dar. Jetzt wiederholt sie dein Kind. Spüre deinen Gefühlen nach, die nun in dir hochkommen. Positive Eigenschaften werden einem nämlich viel zu selten gespiegelt. Dies stärkt sehr euer Selbstvertrauen.

Spiegelt euch auch unterschiedliche Gefühle. Wie sieht es aus, wenn du dich freust? Wie sieht es aus, wenn du traurig oder wütend bist? Nachdem dein Kind die Gefühle pantomimisch dargestellt hat, spiegelt ihr entsprechend die Gefühle. Das sorgt meistens für den ein oder anderen Lacher und eine immer entspanntere Atmosphäre. Zeige deinem Kind auch, wie du dich bei Freude, Angst, Wut etc. fühlst. Nun muss dein Kind dich spiegeln. Diese Übung stärkt besonders das Einfühlungsvermögen.

Extra-Glücks-Tipp:

Du kannst alternativ »Spiegeln« auch folgendermaßen mit Worten spielen: Jeder zählt auf, was der andere toll kann. Auch Kleinigkeiten zählen. Wer die meisten tollen Sachen für den anderen findet und aufzählt, gewinnt! Immer abwechselnd aufzählen. Da macht sogar das Verlieren Spaß!

Der lachende Buddha

Das braucht ihr:
Lose oder auch einen Abzählreim

Genießt es besonders, wenn ...
alle zwischendurch blitzschnell gute Laune brauchen.

So geht's:

Manchmal braucht man einfach mal zwischendurch blitzschnell gute Laune, wenn es beispielsweise ganz langweilig ist, die Ideen fehlen oder gerade schlechte Stimmung aufkommen will. Dieses Spiel können die Kinder allein untereinander spielen, schöner und lustiger ist es aber mit der ganzen Familie, da anschließend wirklich alle gute Laune haben. Zuerst wird der lachende Buddha bestimmt. Natürlich könnt ihr euch auch abwechseln, sodass jeder einmal der lachende Buddha ist.

Alle sitzen nun im Kreis und müssen sich zulächeln, dürfen aber nicht lachen. Der lachende Buddha hat nun die Aufgabe, die anderen richtig zum Lachen zu bringen. Dies darf aber nur pantomimisch passieren. Hier lassen sich auch kleine Kinder mit Vergnügen schon lustige Dinge einfallen ... wie sich genüsslich über den runden Bauch zu streicheln, witzig mit den Ohren zu wackeln oder vor den anderen herumzukugeln. Wer zuerst losprustet, ist der nächste lachende Buddha und muss nun die anderen zum Lachen bringen. Wetten, dass alle danach gute Laune haben werden?

Extra-Glücks-Tipp:

»Lachender Buddha« kann man sowohl zu zweit als auch mit der ganzen Großfamilie spielen. Hier kommen die ganz Kleinen und die größeren Kinder auf ihre Kosten – und natürlich auch du selbst.

Verbundenheit

Das braucht ihr:
nur eure Hände

Genießt es besonders, wenn ...
ihr gemeinsam Vertrautheit und Sicherheit wieder aufbauen und spüren möchtet.

So geht's:

Sich einfach blindlings auf den anderen verlassen können, ihm hundertprozentig vertrauen und sich völlig sicher fühlen – das könnt ihr Schritt für Schritt schaffen.

Und so wird es gemacht: Stellt euch zu zweit einander gegenüber und berührt euch mit den Handflächen. Was spürt ihr? Gerade Kinder fühlen besonders häufig ein Kribbeln oder auch die Wärme der Hände. Nun reibt jeder seine Hände einige Male aneinander. Dann schließt beide die Augen, und dreht euch einmal um euch selbst. Gelingt es euch, mit geschlossenen Augen die Hände des anderen wiederzufinden? Spürt ihr das Energiefeld zwischen euch? Versucht, euch intuitiv zu lotsen. Könnt ihr euch setzen, wieder aufstehen oder ein paar Schritte gehen – nur von dem Energiefeld eurer Hände geleitet?

Tipp: Bewegt euch nur ganz langsam und vorsichtig aufeinander zu, und lasst euch vom Gefühl leiten, wo die Hände des anderen gerade sein könnten. Am Anfang benötigt man hierzu ein bisschen Übung, aber wenn man sich erst einmal auf den anderen eingestellt hat, funktioniert es fast von allein.

Extra-Glücks-Tipp:
Diese Übung eignet sich auch besonders gut für mehrere Personen und für draußen. Stellt euch dazu im Kreis auf, und spürt alle zunächst gemeinsam die Hände in der Mitte. Geht dann wieder einige Schritte zurück in den Kreis, schließt die Augen und versucht jetzt, die anderen Hände wiederzufinden.

Das war heute schön

Das braucht ihr:
etwas Zeit

Genießt es besonders, wenn ...
es Abend wird und du mit deinen Kindern positive Erlebnisse festigen möchtest.

So geht's:

»Das war heute schön« eignet sich auch ganz besonders als abendliches Bett-Plauder-Ritual. Wenn du magst, kannst du es jeden Abend gestalten, es kann aber auch ein schönes Ritual für einen bestimmten Tag in der Woche sein, zum Beispiel der »Das-war-schön-Sonntag«.

Setze dich gemütlich zu deinem Kind ans Bett, und überlegt gemeinsam, was am heutigen Tag besonders schön war. Das können auch nur Kleinigkeiten sein wie:

- Ich habe mein Kuscheltier wiedergefunden.
- Ich habe gut auf meine Gefühle geachtet.
- Wir haben zusammen Pudding gekocht.
- Ich habe einen Baum umarmt.

- Der Regen hat aufgehört, sodass ich noch draußen spielen konnte.
- In der Schule haben mein Freund und ich uns gegenseitig geholfen.
- Im Kindergarten bin ich mit meiner Freundin durch die Pfützen gehüpft.
- Wir haben zusammen ein Buch angesehen.
- Ich habe einen Brief von Oma bekommen.

Erzähle auch selbst von deinen Erlebnissen am Tag, die dir heute passiert sind und dir gut gefallen haben. So erhält dein Kind bereits einen positiven Einblick in die Erwachsenenwelt. Und dann gibt es natürlich noch viele gemeinsame Dinge, die heute wirklich rundgelaufen sind ...

Extra-Glücks-Tipp:
Dieses Ritual wirkt sehr entspannend. Je mehr Dinge ihr aufzählt, die heute schön waren, desto mehr entspannt ihr euch. Probiert es aus!

Wasserfall aus Licht

Das braucht ihr:
stille oder sehr sanfte Musik

Genießt es besonders, wenn ...
ihr neue Energie braucht oder euch von vielen Sinneseindrücken reinigen wollt.

So geht's:

Dies ist eine geführte Fantasiereise. Ihr könnt sie selbst aufnehmen und abspielen lassen. Oder jemand von euch liest sie sehr langsam vor:

Lege dich bequem hin und schließe deine Augen. Entspanne dich. Lass alles ganz locker. Atme dreimal tief ein und aus.

Stell dir vor, du bist auf einer wunderschönen Insel. Es ist angenehm warm. Der Wind weht leicht durch dein Haar. Das Meer ist kristallblau und rauscht mit kleinen sanften Wellen an den goldenen Strand. Wunderschöne Muscheln siehst du vor dir. Sie zeigen dir einen Weg ins Landesinnere zu einem kleinen weichen Pfad. Du folgst diesem Pfad. Er führt dich an Palmen und hell- und dunkelgrünen Büschen vorbei. Die Büsche haben viele, viele Blüten in deinen Lieblingsfarben. Sie verbreiten einen milden und süßen Duft, der dich wunderbar entspannt. Du gehst weiter und hörst glückliche Lieder von bunten Vögeln, die ganz zahm sind und dich freundlich ansehen. Jetzt gehst du um eine Biegung und hörst das Rauschen eines Wasserfalls, und als du ein paar grüne Farnblätter zur Seite biegst, siehst du einen kleinen Teich, in den von einer Felswand ein sanfter, heller Wasserfall strömt. Das Wasser ist ganz klar. Es lädt dich richtig ein, doch näher zu kommen und ein bisschen zu baden. Das wäre eine wirklich tolle Idee.

Du springst in den Teich und kannst gut in dem Wasser stehen. Es fühlt sich richtig erfrischend an. Du planschst herum und gehst dabei langsam auf den Wasserfall zu. Du spürst die Gischt auf deinem Gesicht. Jetzt stellst du dich unter den Wasserfall, der zwar kräftig, aber doch sanft wie eine kühle Dusche an einem heißen Sommertag über dich regnet. Du genießt die Erfrischung sehr, die alles von dir abwäscht. Und jetzt merkst du, dass der Wasserfall seine Farbe wechselt. Er ist wie aus goldenem Licht, das dich umhüllt. Du badest in Gold! Es tut dir richtig gut. Du bist in das goldene Licht des Wasserfalls eingehüllt. Alle Erlebnisse, die du abgewaschen haben willst, werden nun in goldenes Licht getaucht und von dir abgewaschen. Du fühlst dich angenehm frisch und frischer. Wenn du dich richtig gut fühlst, genießt du noch einige Momente den Wasserfall, der nun wieder kristallklares Wasser auf dich regnen lässt. Dann bedankst du dich bei ihm und verabschiedest dich.

Du gehst durch den Teich wieder zurück an das Ufer. Wie schön, dass dort ein flauschiges Handtuch für dich bereitliegt. Du trocknest dich ab und setzt oder legst dich noch ein bisschen, um die schöne Atmosphäre um dich herum aufzunehmen. Dann gehst du den Pfad wieder zurück. Das Rauschen des Wasserfalls wird leiser, und du hörst wieder die glücklichen Gesänge der Vögel und atmest den lieblichen Duft der Blüten um dich herum ein. Nun trittst du wieder an den Strand. Ein herrlicher Tag! Der blaue Himmel lacht dir zu, und du fühlst dich ganz frisch! Du weißt, dass du jederzeit wieder an diesen wunderschönen Ort zurückkehren kannst, wann immer du willst. Für heute verabschiedest du dich.

Jetzt spürst du wieder deinen Körper und reckst und streckst dich. Du machst deine Augen auf und bist ganz munter.

Extra-Glücks-Tipp:
Macht die Fantasiereise sooft ihr wollt. Denkt euch eigene Landschaften aus, in denen ihr euch besonders wohlfühlt, und erzählt selbst eine Fantasiereise.

Glücksbilderbuch

Das braucht ihr:
großes Blanko-Buch oder Album, Stifte zum Gestalten, Erinnerungsfotos, Eintrittskarten, winzige Mitbringsel etc.

Genießt es besonders, wenn ...
die Tage regnerisch sind und ihr ein bisschen Extra-Sonnenschein benötigt.

So geht's:

Ein Glücksbilderbuch könnt ihr über viele Tage oder sogar Wochen und Monate gestalten. Es soll ja immer wieder etwas Schönes hinzukommen. Sammle gemeinsam mit den Kindern auf Ausflügen, Unternehmungen, Spaziergängen oder einfach so im Alltag immer mal wieder kleine Dinge, die euch gemeinsam gefallen oder an die ihr schöne Erinnerungen knüpft. Auch ganz unspektakuläre Dinge können das sein, die nur für eure Familie eine Bedeutung haben: vielleicht ein buntes Blatt, das ihr beim Spaziergang im herbstlichen Nebel gefunden habt und das euch an die Begegnung mit dem Reh auf der Lichtung erinnert, oder die Feder, die wie von einem Engel aussieht. Gestaltet das Glücksbilderbuch zunächst entsprechend farbig und lustig von außen, und klebt dann mit einem kurzen Kommentar die Erinnerungen ein. Ihr könnt auch zu jedem Ereignis etwas Passendes dazuschreiben oder -malen. So füllt sich euer Buch Seite um Seite, sodass ihr staunen werdet, wie viele schöne, lustige, ermutigende und witzige Momente ihr alle schon gemeinsam erlebt habt.

Extra-Glücks-Tipp:
Das Glücksbilderbuch eignet sich auch zum Betrachten, wenn ihr die Gemeinschaft in der Familie wieder stärken wollt. Bei ein paar Keksen und Kakao macht es unglaublich viel Spaß, darin herumzublättern und zu sagen: »Weißt du noch ...?«

Stresskarton

Das braucht ihr:
einen mittelgroßen Karton mit Deckel, Buntpapier, Vorhängeschloss, verschiedene Kugeln (zum Beispiel Murmeln)

Genießt es besonders, wenn ...
sich jemand gestresst oder wütend fühlt und dringend Erleichterung braucht.

So geht's:

Manchmal fühlst du dich – oder dein Partner oder deine Kinder – so gestresst, dass du dich dringend abreagieren musst. Dann leistet der Stresskarton hervorragende Dienste, um wieder ein harmonisches Klima zu schaffen. Schneide in den Deckel des Kartons zunächst ein Loch, durch das die Kugeln passen. Überlegt nun gemeinsam, welche Farbe der Stresskarton erhalten könnte. Sollte er eher rot sein oder doch lieber sanftgrün? Ihr könnt ihn mit einem kräftigen Pinsel auch ganz kunterbunt anmalen. Wenn ihr ihn mit Buntpapier beklebt, dann lass dein Kind doch ganz intuitiv Formen

ausschneiden, die gut zu dem Stresskarton passen. Sind es wohl eher eckige Formen, die man gezackt übereinanderklebt, oder ganz andere Fantasieformen?

Wenn der Stresskarton fertig ist, lasst doch gleich eine Schlechte-Laune-Kugel in ihm verschwinden: Jedes Mal, wenn jemand von euch Ärger in der Schule, im Kindergarten oder natürlich auch zu Hause hatte, darf er eine Schlechte-Laune-Kugel in die Hand nehmen. Dann darf er sich die Situation, die ungerecht war oder die ihn wütend gemacht hat, noch einmal vorstellen und daran denken, dass die ganze schlechte Laune nun in der Kugel ist. Diese wird jetzt im Stresskarton versenkt. Der Karton wird nun mit dem Vorhängeschloss abgeschlossen, damit die schlechte Laune auch wirklich darin bleibt. Jetzt fühlt sich alles schon viel leichter an, und die erste Wut ist verflogen.

Extra-Glücks-Tipp:
Leert den Stresskarton ab und zu gemeinsam, indem ihr beispielsweise alle Kugeln abwascht, sodass der Ärger im Abfluss verschwindet und die Kugeln wieder fit für einen neuen Einsatz sind. Auch das Abwaschen von Stress wirkt sehr entspannend!

Lebe deine Gefühle

Das braucht ihr:
Papier, Stifte

Besonders geeignet, wenn ...
ihr die Gefühle der anderen, aber auch deine eigenen, näher kennenlernen möchtet, um sie mehr zu achten.

So geht's:

Gefühle spielen im täglichen Zusammensein eine herausragende Rolle. Dabei sind Gefühle sehr wandelbar (eine Überraschung, die in Aussicht steht, lässt schlechte Laune vergessen) und wechseln schnell (eben noch gute Freunde – und jetzt ist schon wieder Streit ... oder zum Glück auch umgekehrt). Allerdings ist es oft schwierig herauszufinden, wie sich der andere wirklich fühlt, denn für dich ist eine Viertelstunde alleine auf der Couch vielleicht mit besonders positiven Gefühlen verbunden, während dein Kind dies auf seiner Gefühlsskala eher als langweilig und weit unten sieht. Aber wer weiß, vielleicht wusstest du ja auch noch gar nichts von einigen Gefühlen deines Kindes und wirst erstaunt sein, was ein Gefühlsbild so alles über deine Familie und natürlich über dich selbst verrät.

Jeder erhält ein Blatt Papier und verschiedenfarbige Buntstifte (mit Wasserfarbe geht es übrigens auch sehr gut). Nun darf jeder reihum eine Aussage machen, oder du bereitest vorher Zettelchen mit Aussagen vor, die dann gezogen werden. Diese Aussage stellt sich jeder so deutlich wie möglich vor und kritzelt dazu seine eigenen Gefühle auf das Blatt. Es darf sehr bunt und sehr kritzelig aussehen. Sprecht hinterher gemeinsam über eure Gefühle. Hier sind ein paar Anregungen: Ich fühle mich so, wenn ...

... wir gemeinsam frühstücken.
... wir uns nach einem Streit wieder vertragen.
... ich mich langweile.
... ich Stress mit meinen Freunden hatte.
... ich mich auf ein leckeres Eis freue.

Extra-Glücks-Tipp:
Gefühlsbilder kann man beliebig oft wiederholen. Wie sehen die Gefühle in einer Woche, in einem Monat oder in einem Jahr aus? Hat sich etwas geändert? Welche Gefühle habt ihr gemeinsam? Wobei fühlt ihr euch alle gut?

Unser Baumgeist

Das braucht ihr:
Papier, Wachsmalstifte, Fotoapparat

Genießt es besonders, wenn ...
ihr einen stärkeren persönlichen Bezug zur Natur haben möchtet.

So geht's:

Gerade in der Natur erfährt man oft ein Gefühl der Wertschätzung und Achtung. Es sind so viele Energien der Pflanzen vorhanden, die man sehr gut spüren kann und die euch ebenso liebevoll unterstützen. Macht doch wieder einmal gemeinsam einen kleinen Spaziergang. Jeder darf sich nun einen Baum aussuchen, der ihn besonders anspricht. Mag ich den Baum, weil er so groß und stark ist? Hat er bunte Blätter oder Blüten, vielleicht auch Früchte? Mag ich lieber einen kleinen Baum, der so groß ist wie ich selbst? Es gibt ja die unterschiedlichsten Gründe, warum man etwas ansprechend findet. Lehne dich an deinen Baum, und spüre seine Energie durch deinen Rücken strömen. Merkst du, wie gut das tut? Drehe dich wieder um, und lege deine Hände an den Stamm oder umarme deinen Baum. Spürst du eine Resonanz? Wirst du vielleicht sogar begrüßt? Falls du spürst, dass dein

Baum ein bisschen Ruhe möchte, frage einen anderen Baum, ob er dir heute etwas mitteilen möchte.

Nun wird jeder ganz feierlich zum Paten für seinen Baum. Dazu legt ihr ein Blatt Papier auf die Rinde des Baumes und malt mit bunten Wachsmalern über das Blatt. Schon erscheint die Rindenstruktur. Wie sieht sie aus? Wie fühlt sich der Baum an? Wie riecht er? Jeder Baum hat einen ganz eigenen Charakter. Auf dieses Blatt schreibt nun jeder Baumpate seinen Namen und den Namen des Baumes (falls ihr ihn kennt, ansonsten forscht doch gemeinsam im Internet oder in der Bibliothek nach), sodass eine richtige Urkunde entsteht. Hat der Baum einen eigenen Namen, den er euch übermittelt? Oder fällt euch ein eigener Name für den Baum ein? Falls schon einige Blätter abgefallen sind, könnt ihr auch eine Blätterkette, Blätterkopfschmuck oder auch eine Blättercollage gestalten.

Geht öfter zu eurem Baum und nehmt einen Fotoapparat mit. Macht mindestens einmal im Monat ein Foto, sodass ihr nach einem Jahr die jahreszeitlichen Unterschiede vergleichen könnt. Vielleicht könnt ihr auch einen Kalender von eurem Baum basteln, den man toll zu Weihnachten verschenken kann. Ihr könnt eurem Baum natürlich auch ein kleines Baumgeschenk bringen.

Extra-Glücks-Tipp:

Ihr könnt zusätzlich etwas für die Umwelt tun, indem ihr alle gemeinsam einen kleinen Baum selbst pflanzt. Wetten, dass ihr so noch mehr Spaß an gemeinsamen Spaziergängen habt, weil ihr wissen wollt, wie es »eurem« Baum geht?

Mutmachzettel/-sprüche

Das braucht ihr:
bunte Notizzettel

Genießt es besonders, wenn ...
ihr Mut und Unterstützung benötigt oder diese gerne geben wollt.

So geht's:

Es gibt immer wieder Situationen, in denen man eine Extra-Portion Mut braucht, wie beispielsweise vor Klassenarbeiten, der ersten Übernachtung bei einer Freundin oder der Probestunde im neuen Verein.

Schreibe deinem Kind hierfür kleine Mutmachsprüche, die es vielleicht in der Jackentasche, in der Brotdose oder im Federmäppchen findet. Du kannst ihm aber auch einen hübsch eingewickelten Mutmachspruch beim Abschied mitgeben.

Einige Ideen hierzu:

- Ich denke heute ganz doll an dich. Du schaffst das!
- Hab Vertrauen zu dir. Du hast fleißig geübt und kannst das!

- Ich wünsche dir viel Spaß!
- Genieße den Tag. Du bist toll!
- Es klappt immer besser!
- Du wirst immer unterstützt und kannst beruhigt sein.

Jüngeren Kindern, die noch nicht lesen können, kannst du Mutmachbilder mitgeben, wie Glücksklee, einen schönen Stern, einen Schutzengel oder einen kleinen Anhänger.

Extra-Glücks-Tipp:

Wenn du selbst einen Mutmachzauber benötigst, beispielsweise vor einem Vorstellungsgespräch, einer Verabredung nach längerer Zeit oder anderen aufregenden Momenten, dann schreibe dir vorher allein oder gemeinsam mit der Familie kleine Mutmachzettel, die ihr zusammenfaltet und in ein hübsches Glas legt. Bei Bedarf ziehst du nun für dich selbst einen Überraschungszettel. Wenn der Zettel noch von deinem Kind verziert wurde, hast du bestimmt doppelt so viel Mut!

Spontan im Jetzt

Das braucht ihr:
Kleinigkeiten nach Bedarf

Genießt es besonders, wenn ...
dein Energielevel im Keller ist oder dein Kind unzufrieden und nörgelig wird.

So geht's:

Manchmal hat man einfach zu gar nichts Lust oder so ein unbestimmtes Gefühl der schlechten Laune, die eigentlich ohne Grund entsteht. Es gab keinen Streit, nichts Schlimmes ist passiert – und trotzdem fühlt man sich auf einmal nicht ganz wohl und wird mürrisch.

Überlegt euch in solchen Momenten, bevor es überhaupt zu Streit und Stress kommt, was jetzt gerade in dieser Sekunde jedem Einzelnen guttun könnte. Allein der Gedanke daran wird die Stimmung sofort aufhellen. Spüre einfach spontan in dich hinein. Es muss auch gar nichts Aufregendes sein. Manchmal sind es einfach nur Kleinigkeiten, die den Energielevel wieder ansteigen lassen wie ...

... zwei Minuten schweigen und einfach der Stille lauschen.
... unter die Dusche gehen.

... kurz die Beine hochlegen.

... Pfefferminzbonbons lutschen.

... eine Duftkerze anzünden.

... einen Bananen-Shake mixen.

... eine Entspannungs-CD hören.

... allen eine kurze Geschichte vorlesen.

Extra-Glücks-Tipp:

Einfach nachzuspüren, was man jetzt gerade braucht, stärkt erheblich das Selbstbewusstsein und die Eigenständigkeit deiner Kinder, da sie lernen, selbst Ideen zu entwickeln und ihren eigenen Energielevel wieder nach oben zu bringen.

2.

Wahrnehmen und spüren

Der Blick für das Wesentliche

Das braucht ihr:
DIN-A4-Blatt, Schere

Genießt es, wenn ...
ihr den Blick für das Wesentliche symbolisch schulen wollt.

So geht's:

Dies ist eine ganz einfache Idee, die euren Blick für das Wesentliche schärft. Faltet das DIN-A4-Blatt einmal und schneidet in den Falz einen kleinen Halbkreis. Wenn ihr das Blatt öffnet, habt ihr nun einen ganzen Kreis ausgeschnitten und damit ein prima Guckloch. Natürlich könnt ihr das Blatt noch besonders schön gestalten oder anmalen, denn es ist ja ein besonderes Blatt, das den Blick aufs Wesentliche freigibt.

Bei einem Spaziergang zeigt ihr euch nun gegenseitig Dinge, die für euch ganz besonders schön sind. Durch das Guckloch seht ihr vielleicht den Ausschnitt einer besonders herrlichen Blume oder ein interessantes Spinnennetz. Lasst alle anderen an eurem Blick für das Wesentliche teilhaben.

Extra-Glücks-Tipp:

Malt zu Hause diejenigen Eindrücke auf, die euch einen besonderen Blick ermöglicht haben. Besprecht sie gemeinsam. Können die anderen erraten, wo ihr euer Bild draußen gesehen habt?

Vitamine achtsam genießen

Das braucht ihr:
verschiedene Sorten Obst (zum Beispiel Bananen, Himbeeren oder eine Melone)

Genießt es, wenn …
ihr bewusst Vitamine auf der Zunge zergehen lassen wollt.

So geht's:

Vitamine schmecken einfach besser. Manchmal kommt es einfach nur auf die Zusammenstellung an, damit Obst noch schmackhafter wird. Dieses Angebot lässt nicht nur Südseeträume wahr werden, sondern zeigt euch auch, dass achtsamer Genuss besonders lecker ist.

Legt zunächst euer Lieblingsobst bereit. Das können Erdbeeren, Äpfel, Bananen, Ananas oder ganz andere Sorten sein. Wichtig ist, dass ihr möglichst fünf verschiedene Sorten Obst genießen könnt. Schneidet die Früchte nun in kleine Stücke und verteilt sie in mehrere Schälchen. Verbindet euch die Augen, und testet nun ganz genussvoll jede Frucht. Wie fühlt sie sich an? Was ist der besondere Geschmack? Eher süß oder säuerlich? Nachdem ihr langsam und bewusst alle probiert habt, nehmt ihr jetzt immer zwei unterschiedliche Stücke zusammen in den Mund. Wie schmeckt eure Komposition? Wie verändert sich der Geschmack der einzelnen Früchte? Passen manche Früchte besser zusammen als andere? Entdeckt so euer individuelles Lieblingsfrüchteduett.

Als nächsten Schritt püriert ihr eure Früchte, allerdings noch getrennt nach Sorten. Ihr könnt dazu natürlich einen Mixer nehmen oder auch eher weiches Obst mit der Gabel ganz fein zerdrücken. Je flüssiger es wird, desto besser – denn jetzt habt ihr die Rolle des Vitamingenießers! Mischt verschiedene Fruchtpürees miteinander und probiert. Wie ein Barmixer könnt ihr je nach Lust und Laune die leckersten Drinks zusammenstellen. Füllt sie nach eurem Geschmack mit Mineralwasser oder Milch auf. Hier sind schon einmal ein paar leckere Tipps:

- Sundowner: Gebt zuerst Himbeerfruchtpüree und anschließend Bananenmus ins Glas, ohne umzurühren. Füllt nun alles mit Milch auf, und gebt ein bisschen Vanille dazu. Superlecker!
- Kiss me: Gebt Erdbeer- und Himbeerpüree ins Glas, und füllt es mit Erdbeermilch auf. Dazu gebt ihr ein Blatt grüne Minze!
- Rainbow: Füllt mehrere Schichten pürierte Blaubeeren, Erdbeeren, Bananen und Kiwis ins Glas. Bedeckt alles mit frisch gepresstem Orangensaft. Benutzt einen Strohhalm für die einzelnen Schichten!

Ihr könnt euch auch regelmäßig eine kleine Vitaminbar einrichten, sodass jeder sich dann seinen eigenen Obstcocktail mixen kann.

Extra-Glücks-Tipp:
Überlegt euch für eure Vitamin-Cocktails eigene wunderschöne Namen. Vielleicht entdeckt ihr so einen Familiencocktail, den ihr schon bald euren Gästen servieren könnt.

Innere Balance

Das braucht ihr:
ein bisschen Platz

Genießt es besonders, wenn ...
ihr ausprobieren möchtet, von der äußeren zur inneren Balance zu kommen.

So geht's:

Stellt euch zusammen hin, sodass jeder um sich noch etwas Platz hat. Ihr könnt euch an den Händen halten, aber auch allein euer Gleichgewicht finden. Schließt nun die Augen, findet eure Mitte und hebt ganz langsam ein Bein vom Boden. Seid ihr noch in der Balance, oder müsst ihr schon etwas wackeln? Setzt das Bein wieder ab, sodass ihr für einen kurzen Moment wieder mit beiden Beinen auf dem Boden steht, und hebt nun das andere Bein. Wie fühlt sich das an? Gleich oder anders? Habt ihr eine Seite, auf der ihr lieber steht? Eher mit dem rechten Bein auf der männlichen oder eher mit dem linken Bein auf der weiblichen Seite? Streckt nun erst einen, dann den anderen Arm aus. Welchen nehmt ihr zuerst? Wie fühlt sich das an? Habt ihr noch einen festen Stand?

Extra-Glücks-Tipp:
Ihr könnt die Balance natürlich auch mit geöffneten Augen finden. Dies ist wahrscheinlich am Anfang noch etwas leichter. Probiert verschiedene Bewegungen aus. Ihr könnt auch gegenseitig Standbilder bauen. Das geht so: Du stellst deinen Partner so, wie du es möchtest. Du beugst vielleicht den rechten Arm und hebst das linke Bein an, bis dein Standbild fertig gebaut ist. Wechselt euch ab. Sprecht hinterher darüber, wie ihr euch gefühlt habt.

Energietanz

Das braucht ihr:
Tanzmusik, die euch gefällt

Genießt es, wenn ...
ihr eure Energien gemeinsam spüren möchtet.

So geht's:

Energien fließen ständig. Mit Musik fällt es euch bestimmt besonders leicht, sie zu spüren. So könnt ihr auch ein bisschen in ihnen »baden« und kommt euch so viel näher. Stellt euch am besten erst einmal Rücken an Rücken mit einem Partner, aber so, dass ihr euch nicht wirklich berührt. Es muss also noch ein Blatt zwischen euch passen. Merkt ihr trotzdem noch den anderen? Wenn du dich langsam bewegst, bewegt sich auch dein Partner. Fühlt gemeinsam die Musik, aber steht immer nur so nah nebeneinander, dass ihr euch nicht berührt. Bestimmt werdet ihr die Energie des anderen spüren. Ihr könnt euch gemeinsam drehen, voreinander stehen oder auch die Hände gemeinsam bewegen. Merkt ihr, wie die Energie zwischen euch fließt?

Extra-Glücks-Tipp:

Probiert unterschiedliche Musikstücke für euren Tanz aus. Merkt ihr, wie die Energien mit bestimmten Rhythmen oder Melodien anders fließen?

Achtsamkeitskugel

Das braucht ihr:
eine Glasschüssel und eine Murmel

Genießt es besonders, wenn …
ihr gemeinsam zur Ruhe kommen wollt – und dies in kurzer Zeit.

So geht's:

Dies ist eine ganz einfache Achtsamkeitsübung, die euch zur Ruhe kommen lässt. Besonders Kinder führen sie sehr gerne immer wieder aus. Legt die Murmel in die Schüssel. Am besten benutzt ihr eine Glasschüssel und lasst sie nun langsam im Kreis schwingen. Die Murmel fängt an, sich auch langsam im Kreis zu drehen. Schwingt die Schüssel immer weiter, sodass auch die Murmel immer schneller und am Schüsselrand höher kreist. Wenn sie schon fast ganz oben ist, haltet die Schüssel an und schließt eure Augen. Die Murmel kreist nun noch von ganz allein, bis sie immer langsamer und langsamer wird. Hört genau hin. Wie lange nehmt ihr das Geräusch noch wahr? Wer von euch meint, dass die Murmel mit dem Kullern aufgehört hat, sagt leise: »Jetzt!« Schaut gemeinsam nach. Sprecht über eure Erfahrungen.

Extra-Glücks-Tipp:

Dies ist auch ein besonders schönes Ritual vor einem gemeinsamen Gespräch, um zur Ruhe zu kommen und sich auf das Wesentliche zu konzentrieren. Probiert die Übung auch einmal mit zwei Kugeln in der Schüssel aus. Wie hört es sich jetzt an?

Im gleichen Rhythmus oder lieber allein

Das braucht ihr:
nur euch selbst

Genießt es besonders, wenn ...
ihr herausfinden möchtet, wie es ist, etwas im gleichen oder im eigenen Rhythmus zu tun.

So geht's:

Manchmal ist es sehr schön, im gleichen Rhythmus in einer Gruppe zu schwingen. Doch manchmal möchte man auch lieber wieder seinen eigenen Rhythmus spüren. Probiert heute beides aus. Wenn ihr gemeinsam am Tisch sitzt und esst, dann esst doch diesmal alle im genau gleichen Rhythmus, also beispielsweise führt ihr alle gleichzeitig den Löffel zum Mund und wieder zum Teller. Oder ihr trocknet alle gleichzeitig ab, zieht euch gemeinsam die Schuhe im gleichen Rhythmus an oder lauscht eurem Atem. Wie fühlt sich der gleiche Rhythmus mit anderen an? Gibt es dir ein Stück Geborgenheit, oder wünschst du dir lieber deinen eigenen Rhythmus? Kannst du auch mit den anderen deinen eigenen Rhythmus finden? Probiert es aus, und sprecht gemeinsam über eure Erfahrungen.

Extra-Glücks-Tipp:

Dies ist ein spannendes Experiment und sagt viel über deinen eigenen Wohlfühlrhythmus aus. Es gibt kein Richtig und kein Falsch. Jeder spürt einfach nach, was ihm besonders behagt.

Bäume und Blumen werden größer

Das braucht ihr:
nur euch selbst und etwas Platz

Genießt es besonders, wenn ...
ihr selbstbewusster werden und euren Körper mehr spüren wollt.

So geht's:

Stellt euch gemeinsam im Zimmer oder am besten draußen hin. Geht zuerst in die Hocke, und macht euch ganz klein und rund. Stellt euch vor, dass ihr unter der Erde ein Samenkorn seid, ein Baumsamenkorn, das geborgen und sicher in der Erde ruht. Aber ganz langsam drängt es euch doch an die Oberfläche und den Sonnenschein. Ihr streckt nun vorsichtig eure Finger nach oben und anschließend euren Arm und dann den zweiten Arm – wie ein kleiner Sprössling. Ihr fühlt die Sonne auf euch scheinen und möchtet immer weiter wachsen. Ihr richtet euch langsam auf und kommt aus eurer runden in eine gerade Haltung. Ihr fühlt, wie gut es tut, immer größer zu werden. Bald fühlt ihr euch wie ein junger Baum. Ihr steht locker in den Knien und streckt eure Arme noch ein Stückchen weiter aus. Allmählich werdet ihr zu einem großen und starken Baum, der die Sonne ebenso wie den Regen genießt. Ein leichter Wind kommt auf, und ihr bewegt euch sachte hin und her. Ihr habt viel Platz zum Wachsen und Ausbreiten und grüßt und genießt die anderen Bäume neben euch. Spürt in euch hinein, wie es sich anfühlt, so ein großer und starker Baum zu sein. Genießt anschließend gemeinsam noch eine kleine Ruhepause.

Extra-Glücks-Tipp:
Diese Übung könnt ihr auch ausprobieren, indem ihr euch vorstellt, eine herrliche Knospe zu sein, die langsam zu einer wunderschönen Blüte aufblüht, die die Sonnenstrahlen und den warmen Wind genießt.

Gefühle kneten

Das braucht ihr:

Knete und eine Unterlage für den Tisch

Genießt es besonders, wenn …

ihr erfahren möchtet, wie Gefühle aussehen und sich verändern.

So geht's:

Kneten macht richtig Spaß. Wenn ihr jedoch nicht nur Tiere oder Knetfiguren kneten wollt, dann probiert doch mal Folgendes aus, das euch wieder euch selbst näherbringt, aber auch das Gemeinschaftsgefühl stärkt: Traut euch, Gefühle zu kneten! Spürt am Anfang in euch hinein, welches Gefühl gerade in euch aufsteigt, wie beispielsweise Freude, Neugier oder auch Ärger. Dieses Gefühl formt ihr nun mit der Knete. Sie kann ganz witzige Formen annehmen wie ein Wutmännchen oder eine Freudenkugel oder ein anderes Fantasiegebilde. Lasst euch ruhig Zeit, geht in euer Gefühl und lasst euch von euren Händen führen. Seid einfach ihr selbst und gespannt, was entsteht. Wenn ihr fertig seid, stellt doch den anderen euer Knetgefühl vor, oder lasst die anderen etwas dazu sagen, aber bitte keine Kritik oder Bewertung, sondern nur ihr Gefühl. Nun folgt der nächste Schritt: Stellt euch vor, wie sich eure Knetfigur verändert. Lasst es einfach wieder geschehen. Wie könnte aus der Ärgerknetfigur vielleicht eine ganz entspannte Figur werden? Wie sieht sie aus?

Extra-Glücks-Tipp:
Je mehr ihr das Kneten einfach geschehen lasst, ohne vorher zu überlegen, was ihr eigentlich knetet, desto vielschichtiger werden eure Erfahrungen.

Farbreise durch den Körper

Das braucht ihr:
eine Kuscheldecke zum Drauflegen, falls möglich verschiedene farbige Tücher oder Stoffe

Genießt es besonders, wenn …
euer Körper irgendwo Verspannungen hat oder ihr frische Energie braucht, die auch ein bisschen farbig sein darf.

So geht's:
Setzt euch gemeinsam auf den Boden, und legt die farbigen Tücher oder Stoffe in eure Mitte. Schaut sie euch genau an und befühlt sie. Welche Farbe gefällt euch gerade ganz besonders gut? Wie fühlt sich die Farbe an? An welcher Stelle deines Körpers tut sie dir besonders gut? Legt euch nun gemütlich auf die Decke auf den Boden und entspannt euch. Ihr dürft nun eine kleine Farbreise durch euren Körper unternehmen. Besonders schön ist es, wenn jemand von euch die Farbreise ganz langsam spricht.

Mach es dir ganz bequem, und atme ganz ruhig ein und aus. Lass dir ruhig Zeit. Alles ist in Ordnung. Du entspannst dich immer mehr. Du machst nun eine Reise durch deinen Körper.

Fang dort an, wo du dich gerade besonders wohlfühlst. Ist es dein Kopf, dein Bauch oder sind es deine Beine? Taste unsichtbar innerlich deinen Körper ab. Vielleicht siehst du an verschiedenen Stellen schon wunderschöne Farben vor dir. Suche nach einer Stelle, die etwas mehr Farbe gebrauchen könnte. Wo ist diese Stelle? Wie fühlt sie sich an? Welche Farbe wünscht sich diese Stelle? Lass dir Zeit und spüre gut nach. Wenn du dir ziemlich sicher bist, in welcher Farbe dein Körperteil jetzt am liebsten baden würde, dann stell dir diese Farbe klar und deutlich vor. Fühle, wie sie gerade die passende Stelle an deinem Körper wunderschön einhüllt und ihn in der Farbe badet. Dein Körper wird von der Farbe geküsst und umarmt und bekommt immer mehr Energie. Spüre nach: Fühlst du ein Kribbeln? Oder ein ganz wohliges, ruhiges Gefühl? Brauchst du noch mehr Farbe? Erst wenn du das Gefühl hast, wirklich farbensatt zu sein, tastest du deinen Körper weiter ab. Gibt es noch eine Stelle, die eine wunderschöne Farbe benötigt? Fühle auch hier wieder nach, welche Farbe das sein soll. Es können ganz zarte, aber auch sehr kräftige Farben sein, vielleicht sogar Silber oder Gold? Vielleicht fehlt auch einfach nur etwas Glitzer? Dein Körper gibt dir die beste Antwort. Bade wieder ausgiebig in der Farbe. Fühle, wie gut es dir tut. Gehe nun noch zu einer dritten Stelle, wenn du magst. Fühle auch hier noch einmal genau nach, welche Farbe jetzt sehr gut wäre, und tauche in sie ein. Wenn du dich rundum wohl und erfrischt fühlst, lass zum Abschluss noch helles Licht deinen ganzen Körper einhüllen.

Langsam öffnest du wieder die Augen und reckst und streckst dich.

Du kannst die Übung sooft wiederholen, wie es dir guttut.

Extra-Glücks-Tipp:

Du kannst übrigens auch Farben trinken. Hierzu benötigst du ein Glas, das du mit frischem Wasser füllst. Lege nun ein Blatt Papier in der Farbe darauf, die du gerne trinken möchtest, und stell alles in die Sonne, sodass die Sonne auf das Blatt Papier scheint. Die Farbe überträgt sich auf das Wasser, auch wenn du es nicht siehst. Wenn du das Wasser später trinkst, trinkst du also deine wohltuende Farbe!

Lausch mal

Das braucht ihr:
diesmal nichts, nur eure Bereitschaft zu lauschen

Genießt es besonders, wenn ...
der Tag ein bisschen hektisch war und ihr wieder in eure Mitte kommen wollt. Ihr trainiert ganz leicht und spielerisch eure Achtsamkeit.

So geht's:

Sucht euch einen gemütlichen Platz irgendwo im Raum. Du kannst dich hinlegen oder setzen oder auch einfach nur ans Fenster stellen. Wenn du die Augen schließt, kannst du die Übung noch intensiver fühlen, aber auch bei geöffneten Augen funktioniert sie sehr gut. Seid nun ganz leise und lauscht gemeinsam auf die Geräusche, die ihr jetzt noch hören könnt. Was ist das? Vielleicht das Ticken einer Uhr? Ein Vogel, der draußen singt? Kinder, die im Garten spielen? Das Knacken von Holz? Ihr werdet überrascht sein, wie viele unterschiedliche Geräusche es gibt. Haltet die Lauschzeit möglichst kurz, eine bis fünf Minuten reichen völlig aus. Wie geht es euch jetzt? Kommt wieder alle zusammen und erzählt, was ihr gehört habt. Die Jüngsten dürfen beginnen. Hättet ihr gedacht, dass ihr so viele Geräusche erlauscht?

Extra-Glücks-Tipp:

Macht diese Achtsamkeitsübung des Lauschens doch einmal zu unterschiedlichen Tageszeiten. Wie verändern sich die Geräusche? Gibt es welche, die man nur morgens oder abends hört?

Lauscht auch einmal auf euren Körper? Gibt es auch dort Geräusche? Könnt ihr verstehen, was euer Körper euch sagen will?

Balanceinsel

Das braucht ihr:
Pappe, Schnur und kleine Steine/Streichhölzer oder einen Bauklotz, Lineal und Streichhölzer

Genießt es, wenn ...
ihr symbolisch ins Gleichgewicht kommen wollt und dazu eine ruhige und spielerische Übung machen möchtet.

So geht's:

Das innere Gleichgewicht zu finden, ist manchmal gar nicht so einfach. Ab und zu muss man es einfach noch im Außen finden, um mehr in die eigene Balance zu kommen. Ganz einfach geht das mit einer selbstgebauten Balanceinsel. Ihr benötigt ein Stück feste Pappe, das ihr an einem Faden aufhängt, sodass es in der Luft schwebt. Sehr gut kann man es auch an einer Stehlampe befestigen. Nun legt ihr abwechselnd kleine Steine oder Streichhölzer auf die Pappe. Wie lange bleibt sie noch in der Balance? Was müsst ihr tun, falls sie schon etwas kippt, damit sie wieder ins Gleichgewicht kommt?

Extra-Glücks-Tipp:

Baut euch auch eine ganz einfache Wippe zum Ausbalancieren: einfach einen Bauklotz in die Mitte und ein langes Lineal darüberlegen. Legt wieder abwechselnd Streichhölzer auf eure Wippe. Was müsst ihr tun, damit sie im Gleichgewicht bleibt? Eher mehr Streichhölzer an den äußeren Rand oder in die Mitte legen? An welchem Punkt bleibt sie am längsten im Gleichgewicht?

Kreismassage

Das braucht ihr:

euch selbst und einen Massageball, eine Massagerolle oder was ihr zum Massieren mögt

Genießt es, wenn ...

ihr einen anstrengenden Tag hattet, ihr euch entspannen und die Nähe der anderen spüren wollt.

So geht's:

Für die Kreismassage solltet ihr mindestens zu dritt sein, damit ihr euch in einen kleinen Kreis auf den Boden setzen könnt, am besten auf einen kuscheligen Teppich. Dreht euch so, dass ihr den Rücken des anderen vor euch seht. Besonders schön wird es, wenn ihr eine Kerze in eure Kreismitte stellt und meditative Musik hört. Nun massiert ihr mit eurem Massageball oder einer Massagerolle den Rücken eures Nachbarn. Das tut gut!

Extra-Glücks-Tipp:

Wenn ihr zu zweit seid, könnt ihr euch sehr schön gegenseitig mit einem kleinen Massageball die Hände massieren. Spürt, wie angenehm eure gemeinsame Massage ist.

Flüsterstab

Das braucht ihr:
eine lange Papierrolle, festen Stoff, buntes Papier, Wasserfarben, Federn, Kleber, Dekoglitzer, Füllmaterial wie kleine Steinchen, Sand oder andere kleine Gegenstände

Genießt es besonders, wenn …
ihr langsam zur Ruhe kommen wollt.

So geht's:

Beklebt ein Ende der Papierrolle mit Pappe oder umspannt sie mit einem festen Stoff und einem Gummiband. Nun verziert ihr die Papierrolle mit vielen bunten Farben, ausgeschnittenen Motiven oder Dekoglitzer. Ihr könnt auch ein richtiges Muster gestalten. Füllt anschließend die kleinen Steinchen, den Sand oder anderes Füllmaterial bis zu einem Drittel in die Papierrolle. Jetzt könnt ihr die andere Öffnung ebenfalls verschließen. Vielleicht könnt ihr noch bunte Federn oder Bänder an die Enden kleben. Jetzt ist euer Flüsterstab fertig. Wenn ihr ihn nun ganz langsam von einer zur anderen Seite bewegt, hört ihr je nach Füllmaterial ein leises Rauschen.

Extra-Glücks-Tipp:

Stellt mehrere Flüsterstäbe mit unterschiedlichem Füllmaterial her. Wie wirken sie jeweils auf euch? Könnt ihr auch ein kleines Flüsterstab-Konzert veranstalten?

Fühlparcours

Das braucht ihr:
viele schöne Dinge zum Fühlen wie Watte, Wolle, Moos oder Steinchen

Genießt es, wenn ...
ihr eure Sinne wieder mehr spüren möchtet.

So geht's:

Ihr könnt den Fühlparcours drinnen oder draußen aufbauen. Wenn ihr im Wohnzimmer oder im Flur etwas Platz habt, legt ganz unterschiedliche Materialien hin wie Wolle, Kieselsteine, weiche Kissen, Federn oder Stücke einer Tapetenrolle. Ihr könnt auch alles in unterschiedliche Kartons legen, so könnt ihr den Parcours schneller auf- und wieder abbauen. Nun verbindet ihr dem Parcourstester die Augen. Ihr könnt anschließend ganz leise einige Fühlstationen vertauschen, sodass euer Parcourstester nicht mehr weiß, an welcher Stelle die Wolle oder die Kieselsteine liegen. Nun führt ihr den Parcourstester ganz vorsichtig an der Hand über den Weg. Natürlich muss er barfuß gehen. Sprecht gemeinsam darüber, wie sich der Weg anfühlt. Kann der Parcourstester alles erraten? Fühlt es sich anders an, wenn man mit offenen Augen geht?

Ihr könnt den Parcours selbstverständlich auch draußen legen. Wenn ihr ihn aus Naturmaterialien baut, könnt ihr ihn vielleicht sogar eine Weile liegen lassen und immer wieder neu ausprobieren.

Extra-Glücks-Tipp:
Ihr könnt auch einen Fingerparcours legen mit kleineren Gegenständen auf dem Tisch. Auch hierzu verbindet ihr dem Parcourstester wieder die Augen und führt die Hand langsam von Station zu Station. Wie fühlt es sich an, wenn man vorher eine Apfelsine, dann etwas Kresse und anschließend ein Wasserschälchen betastet?

Waldskulpturen

Das braucht ihr:
Bindfaden, schönes Naturmaterial aus dem Wald, aber bitte nicht abpflücken!

Genießt es, wenn …
ihr Wald und Kunst ein bisschen verbinden wollt.

So geht's:

Kunst und Wald? Das passt prima zusammen und geht ganz einfach: Sammelt bei eurem nächsten Waldspaziergang doch einfach mal alles, was euch gut gefällt und euch anspricht. Spürt immer wieder nach, ob das Blatt, der Zweig, das lockere Stück Moos euch etwas zu sagen haben. Nehmt aber wirklich nur diejenigen Dinge mit, die ihr nicht abpflücken müsst, sondern die ihr einfach so findet oder die von euch gefunden werden wollen. Achtet auf die Stimmung im Wald. Wollen euch die Bäume etwas zuflüstern? Wenn ihr den Geist des Waldes spürt, dann setzt euch still zusammen auf ein schönes sonniges Fleckchen und betrachtet eure Waldschätze. Überlegt gemeinsam, was man vielleicht daraus bauen könnte – oder lasst es einfach geschehen. Hierzu könnt ihr am besten eure Bindfäden benutzen, die eure Skulptur gut zusammenhalten: Stellt kleine Stöcke auf, legt Moos darüber, verziert alles mit Blättern – gerade so, wie ihr wollt. Schaut euch anschließend eure Waldskulptur gemeinsam an. Sie kann euch sogar wie ein Orakel etwas über eure Gefühle sagen. Wie sieht sie aus? Und was seht ihr in ihr? Welchen Bezug hat die Skulptur zu euch? Bestimmt findet ihr spannende Antworten.

Extra-Glücks-Tipp:
Lasst euer Kunstwerk bestehen. So haben auch andere Spaziergänger viel Freude an der Überraschung. Übrigens: Ein Naturkunstwerk löst sich mit der Zeit wieder ganz von alleine auf.

Wach im Jetzt

Das braucht ihr:
eine Küchenuhr oder einen Wecker, den ihr auf drei Minuten einstellen könnt

Genießt es, wenn ...
ihr mit eurer Aufmerksamkeit im Hier und Jetzt bleiben wollt – und dies auf eine spielerische Art.

So geht's:

Setzt euch gemütlich zusammen. Kommt einige Augenblicke zur Ruhe und achtet auf euren Atem. Spürt euch selbst und das Hier und Jetzt. Wenn ihr euch angenehm entspannt, aber doch sehr wach fühlt, stellt ihr den Wecker auf drei Minuten bis zum Klingeln ein. Reicht euch anschließend den Wecker langsam reihum immer weiter. Lasst euch dabei Zeit und macht dies ganz bewusst. Lauscht dabei auf euren Atem und nehmt auch die Ruhe der anderen wahr. Da ihr den Wecker aber immer weitergeben müsst und natürlich auch bekommt, bleibt immer eine kleine Spannung erhalten, denn nach drei Minuten klingelt der We-

cker. Wer ihn jetzt gerade in der Hand hält, ist noch einmal ganz bewusst ins Hier und Jetzt geholt worden.

Extra-Glücks-Tipp:

Je öfter ihr »Wach im Jetzt« spielt, desto weniger seid ihr überrascht, wenn der Wecker klingelt. Ihr werdet in jeder Runde immer achtsamer.

Das große Ja

Das braucht ihr:

eine Karte mit einem ganz großen JA, die ihr natürlich selbst schreiben könnt

Genießt es, wenn ...

ihr die Wirkung eines »Ja« an euch selbst spüren möchtet.

So geht's:

Setzt euch zusammen und entspannt euch einige Augenblicke. Legt die Karte mit dem großen »Ja« in eure Mitte. Schaut sie euch an und spürt nach, welche Empfindungen dieses »Ja« bei euch auslöst. Anschließend sagt ihr zu eurem Gegenüber laut und deutlich: »Ja!« Wiederholt dieses »Ja« ruhig einige Male. Gebt ihm die Färbung, die ihr gerne hättet. Ihr könnt das »Ja« sehr fröhlich, liebevoll, sanft oder auf eure ganz eigene Art sagen. Abschließend sagt nun alle gemeinsam mehrere Male: »Ja.« Besprecht hinterher eure Erfahrungen. Wie fühlt ihr euch jetzt? Hat sich etwas verändert?

Extra-Glücks-Tipp:

Kleine Kinder sagen auch gerne »nein«. Probiert auch diese Abgrenzung einmal aus. Ist die Energie anders, wenn ihr

»nein« sagt? Weder »ja« noch »nein« ist besser oder schlechter. Es sind einfach nur verschiedene Energien, die einander bedingen. Es macht Spaß, diese Energien zu spüren und selbst auszuprobieren – und ganz nebenbei stärkt diese Übung auch euer Selbstvertrauen.

3.

Spielerisch und fröhlich

Gemeinsam mit den Füßen

Das braucht ihr:
mehrere größere Bauklötze

Genießt es, wenn ...
ihr auf eine neue Art gemeinsam etwas gestalten wollt.

So geht's:

Spielt doch mal wieder zusammen – aber ein bisschen anders als sonst! Bestimmt habt ihr einige Bauklötze. Doch statt daraus ganz normale Häuser oder Burgen entstehen zu lassen, baut ihr zusammen eure eigene Fantasielandschaft – allerdings mit den Füßen! Das geht so: Setzt euch gemeinsam in einen Kreis – oder auch einander gegenüber – und legt eure Bauklötze in die Mitte. Zieht eure Socken aus, sodass ihr die Bauklötze nun barfuß mit euren Füßen greifen könnt. Am Anfang fühlt sich das ziemlich kitzlig an. Probiert nun, ob ihr gemeinsam, nur mit euren Füßen, eine Fantasie-Fuß-Landschaft bauen könnt. Könnt ihr euch gegenseitig mit den Füßen helfen?

Extra-Glücks-Tipp:
Versucht auch ein anderes Experiment: Verbindet euch die Augen, und baut nun gemeinsam – diesmal mit den Händen –

eine wunderschöne Landschaft. Da muss man ganz genau fühlen, wo schon einige Bauklötze stehen und wo man noch einige hinbauen kann. Hinterher, wenn ihr eure Augen wieder öffnet, werdet ihr bestimmt überrascht sein, wie schön eure Landschaft geworden ist.

Kunst im Wald

Das braucht ihr:
nur Dinge aus der Natur, die ihr findet

Genießt es besonders, wenn:
ihr euch selbst an einem Kunstwerk erfreuen wollt, aber auch anderen eine Freude machen möchtet.

So geht's:

Legt mit Zweigen, Blättern und Steinen ein Bild in der Natur. Das kann auf einer Waldlichtung sein oder am Rand eines Weges. Ihr könnt euch ein besonderes Motiv ausdenken oder auch einfach ein schönes Muster legen. Das Bild soll gar nicht lange halten, denn es ist ja ein Teil der Natur und wird durch Regen oder Wind mit der Zeit wieder verweht werden. Aber es wird bestimmt viele Spaziergänger sehr erfreuen und überraschen, denn niemand rechnet auf einer Wanderung mit einem schönen Bodenbild im Wald.

Extra-Glücks-Tipp:
Auch am Strand könnt ihr aus Muscheln, Seetang und Steinen ein tolles Bild legen, das bestimmt viele Besucher erfreuen wird.

Gemeinsames Bild

Das braucht ihr:
ein DIN-A3-Blatt, Farbstifte

Genießt es besonders, wenn …
ihr gemeinsam ein Kunstwerk gestalten wollt, ohne zu sprechen.

So geht's:

Setzt euch gemütlich zusammen und legt das Blatt sowie die Stifte in die Mitte. Überlegt gemeinsam, welches Motiv ihr malen möchtet, vielleicht ein Einhorn? Wenn ihr euer gemeinsames Motiv besprochen habt, genießt ab jetzt nur noch die Stille und euer gemeinsames Malen. Jeder malt abwechselnd einen kleinen Ausschnitt des Bildes und reicht es dann an den Nächsten weiter. Dieser ergänzt das Bild. So gebt ihr das Blatt reihum weiter und schaut, wie wunderschön euer Bild wird. Wenn das Bild nach eurem Empfinden fertig ist, betrachtet es gemeinsam. Nun dürft ihr natürlich auch wieder sprechen. Welche Erfahrungen habt ihr gemacht?

Extra-Glücks-Tipp:
Ihr könnt auch gemeinsam und gleichzeitig malen. Könnt ihr erahnen, was der andere jeweils malt? Könnt ihr euer Bild so ergänzen, dass es ein gemeinsames Kunstwerk wird?

Bedeutungssucher

Das braucht ihr:
ganz normale Gegenstände in eurem Zimmer

Genießt es besonders, wenn ...
ihr für Dinge eine geheimnisvolle neue Bedeutung erfinden wollt.

So geht's:

Sucht euch aus eurem Zuhause drei ganz normale kleine oder mittelgroße Alltagsgegenstände aus, wie zum Beispiel eine Büroklammer, ein Papiertaschentuch oder einen Stift. Setzt euch gemütlich zusammen, legt die drei Gegenstände in eure Mitte und betrachtet sie. Nun beginnt der erste »Bedeutungssucher« und nimmt einen der Gegenstände in die Hand, vielleicht das Papiertaschentuch. Was könnte es – außer einem Taschentuch – wohl noch sein? Und wozu könnte man es benutzen? Wäre es möglich, dass es ...

... ein weiches Elfenkleid wird, wenn du es auffaltest und so in die Hand nimmst, dass es unten offen ist und oben einen kleinen Kopfausschnitt hat?

... ein bezauberndes Cappy wird, wenn du es wie einen Hut faltest?

... eine wunderschöne kleine Decke wird?

... ein Tupfblatt wird, auf das du Wasserfarbe tupfst, die sehr schön aussieht?
... mit Mustern eine wunderschöne Schneeflocke ergibt, die du ans Fenster hängst?

Ihr seht, dass es ganz, ganz viele Möglichkeiten gibt, neue Bedeutungen für bekannte Dinge zu finden. Versucht es selbst! Und ganz nebenbei ist dies auch ein gutes Training, um eine neue Sicht auf Altbekanntes zu bekommen.

Extra-Glücks-Tipp:
Nehmt Dinge aus eurem Alltag, die eigentlich für jeden nur eine Bedeutung zulassen. Überlegt euch gemeinsam mindestens zehn neue Möglichkeiten. Ihr werdet erstaunt sein, welch tolle Ideen ihr findet.

Der kitzlige Kuschelbär

Das braucht ihr:
eine Kuscheldecke

Genießt es besonders, wenn ...
ihr einfach mal wieder lachen wollt.

So geht's:

Jemand von euch legt sich als »Kuschelbär« auf die Kuscheldecke und denkt sich eine Körperstelle aus, zum Beispiel den linken großen Zeh. Jetzt massiert ihr ganz behutsam den Kuschelbären. Die ganze Zeit über bleibt es ruhig. Wenn jedoch jemand zufällig den linken Zeh des Kuschelbären berührt, ruft dieser plötzlich: »Kitzliger Kuschelbär!« Wer die kitzlige Stelle gefunden hat, darf nun selbst der Kuschelbär sein und sich auf die Kuscheldecke legen. »Kitzliger Kuschelbär« könnt ihr sehr oft spielen. Es macht immer wieder neu Spaß.

Extra-Glücks-Tipp:
Der kitzlige Kuschelbär kann zum Beispiel auch eine Murmel an sich verstecken, vielleicht im rechten Hosenbein. Nun wird der kitzlige Kuschelbär wieder so lange massiert, bis jemand die Murmel gefunden hat. Dann wird getauscht.

Farben-Flow entwickeln

Das braucht ihr:
Wasserfarben, Pinsel, Tapetenrolle

Genießt es besonders, wenn ...
ihr einen Flow-Zustand genießen wollt, diesmal einen richtigen Farben-Flow.

So geht's:

Nehmt ein großes Stück Tapetenrolle und bunte Wasserfarben. Malt nun in die Mitte mit einem breiten Pinsel einen kleinen Kreis. Malt diesen Kreis so lange immer weiter, bis ihr das Gefühl habt, dass der Kreis jetzt stimmig und die Farbe »rund« ist. Sucht euch nun eine andere Farbe aus, und malt einen größeren Kreis um den kleineren – wieder so lange, bis auch dieser stimmig ist. Sucht euch nun eine weitere Farbe aus, und malt auch um diesen Kreis einen größeren. Malt den Kreis ruhig mehrere Male nach. Vertieft euch ganz in das Malen. Es kommt nicht auf die Form oder die Farbzusammenstellung an, sondern einfach nur auf das Schwingen des Pinsels und der Farbe, die gerade eurem Gefühl entspricht.

Wenn euer Blatt mit immer größeren Kreisen bedeckt ist, spürt einmal nach, wie auch ihr innerlich immer größer und weiter geworden seid. Wie fühlt sich das an? Habt ihr Lust auf mehr Ausdehnung bekommen?

Extra-Glücks-Tipp:

Eine Alternative, um wieder einmal einen Flow zu spüren, ist auch das Farbenfließen. Nehmt ein großes Blatt Papier – oder am besten ein großes Stück Tapetenrolle – und Wasserfarben. Sucht euch schöne, beruhigende Musik aus, und lasst den Pinsel in der Farbe und über das Blatt fließen. Malt keine Gegenstände, sondern gebt euch ganz dem Genuss des Fließens hin. Nehmt so viele Farben, wie ihr mögt, und lasst den Pinsel einfach so gleiten, wie eure Hand ihn führt. Ihr werdet merken, wie gut das tut. Auch ganz kleine Kinder fühlen sich bei dieser Übung herrlich entspannt.

Naturduett

Das braucht ihr:
Blätter oder Gräser, von denen sich zwei immer sehr ähnlich sehen (aber bitte nur sammeln und keine abpflücken)

Genießt es, wenn ...
ihr ein Spiel basteln möchtet, das direkt aus der Natur kommt.

So geht's:
Ihr benötigt mehrere kleine Pappkärtchen, die möglichst stabil sind. Hierauf klebt ihr nun jeweils ein Blatt, einen Grashalm oder etwas Moos. Immer zwei gleiche Kärtchen bilden nun ein Pärchen. Für das Naturduett legt ihr alle Pärchen gemischt und verdeckt auf den Tisch. Nun schaut euch immer zwei Karten an. Passen sie zusammen, dann habt ihr ein Pärchen gefunden und dürft es behalten, wenn nicht, legt ihr die Kärtchen wieder verdeckt auf den Tisch und der andere ist dran.

Extra-Glücks-Tipp:
Noch schöner ist es, wenn ihr gleiche Dinge jeweils in leere Streichholzschachteln legt. Auch hier könnt ihr gleiche Blätter,

Steine, Eicheln oder anderes nehmen, aber bitte nicht abpflücken, sondern nur sammeln! Immer zwei Streichholzschachteln ergeben nun ein Pärchen. Ihr legt wieder alle auf den Tisch und dürft wie beim Naturduett immer zwei Streichholzschachteln öffnen und in ihnen nachschauen. Stimmen die Dinge darin überein? Dann habt ihr ein Pärchen gefunden und dürft es behalten. Sind sie unterschiedlich, legt ihr sie wieder zurück. Ihr könnt auch ein Hörduett gestalten und nur mit den Streichholzschachteln rascheln, ohne sie zu öffnen. Das macht großen Spaß. Und noch ein Tipp: Beklebt die Schachteln schön bunt oder malt sie an. So habt ihr ein tolles Naturduett, das ihr immer wieder spielen könnt.

Wo ist das Licht?

Das braucht ihr:
eine Taschenlampe

Genießt es besonders, wenn ...
ihr ganz praktisch entdecken wollt, dass auch ein kleines Licht die Dunkelheit vertreibt.

So geht's:

Ihr braucht zunächst einen Raum, den ihr ganz abdunkeln könnt, sodass man möglichst nichts mehr sieht. Einer von euch, der Lichtstern, bekommt die Taschenlampe und versteckt sich in dem Raum. Der Lichtstern lässt die Taschenlampe auf eine bestimmte Stelle im Raum leuchten, während die anderen draußen warten. Nun kommen alle in den Raum und sehen das Licht. Aber wo ist der Lichtstern, der das Licht ausstrahlt? Wer ihn findet, darf der nächste Lichtstern sein.

Extra-Glücks-Tipp:

Ihr könnt das Licht natürlich auch im Raum bewegen oder zu zweit im Raum bleiben, sodass ihr mit zwei Taschenlampen dann beide Lichtsterne seid. Je besser sich der Lichtstern versteckt, desto lustiger wird es.

Kaktus- und Kuschelbärtag

Das braucht ihr:
nur euch selbst

Genießt es besonders, wenn ...
ihr das Gefühl habt, dass euch andere zu nah kommen und mit ihrer Energie überlagern.

So geht's:

Dies ist eine klitzekleine Übung, die euch viel über euch selbst sagt. Manchmal tut Nähe gut, aber manchmal möchte man auch gerne ein bisschen Abstand zu anderen haben. Wie nah ist dann eigentlich nah genug? Probiert es aus: Stellt euch zu zweit einander gegenüber in einer größeren Entfernung auf. Im Zimmer stellt ihr euch am besten an die gegenüberliegenden Wände. Fühlt euch locker und entspannt. Nun geht einer von euch auf den anderen zu. Erst einen Schritt, dann stehen bleiben und dann noch einen Schritt weitergehen. Der andere spürt in sich nach. Gefällt mir der Abstand, wie er jetzt ist? Sollte der andere lieber dort stehen bleiben, oder darf er noch ein bisschen näher kommen? Falls ja, gehe noch einen Schritt weiter. Wie ist das Gefühl jetzt? Wenn jemand von euch stopp sagt, bleibt sofort stehen. Spürt auch jetzt genau nach, wie der Abstand ist, noch weit oder schon ganz nah? Will ich vielleicht sogar eine Umarmung? Es gibt hier kein Richtig und kein Falsch. An manchen Tagen möchte man am liebsten alle weit von sich halten wie ein Kaktus, und an anderen Tagen wünscht man sich eher etwas Nähe und Wärme wie ein Kuschelbär. Das ist aber gar nicht immer so leicht herauszufinden. Macht deshalb öfter diese Übung, und akzeptiert euch mit euren Gefühlen. Denn es ist wirklich keine Zurückweisung, wenn man mal etwas Abstand braucht, dann hat man einfach seinen Kaktustag.

Extra-Glücks-Tipp:
Probiert diese Übung mit unterschiedlichen Personen aus, und setzt sie auch in eurem Alltag mit anderen Leuten um. Spürt immer genau nach, wann und wie lange euch Nähe oder Distanz guttun.

Mandala gehen

Das braucht ihr:
Blätter, Stöcke und andere Naturmaterialien

Genießt es, wenn ...
ihr in eure eigene Mitte kommen wollt.

So geht's:

Ein großes Mandala auf dem Boden wirkt sehr meditativ und lädt dazu ein, den eigenen Empfindungen nachzuspüren. Das Mandala könnt ihr sowohl in einem größeren Raum als auch draußen auf einer Wiese legen. Vielleicht kann es sogar längere Zeit dort bleiben? Wenn ihr einen eigenen Garten habt, ist das natürlich kein Problem, aber auch im Park ist es möglich, ein Mandala zum Beispiel aus Blättern oder Stöcken zu legen. Ihr könnt sie ja hinterher wieder verteilen. Falls ihr das Mandala zu Hause gestalten wollt, überlegt euch zunächst, welches Material zu euch passt. Ihr könnt das Mandala aus weicher Wolle legen oder besondere Symbole benutzen, die ihr vorher ausschneidet, wie Sterne, Lichtflammen oder Herzen. Beim Legen fangt in der Mitte, also im Zentrum des Mandalas an, und bewegt euch dann spiralförmig immer weiter nach außen. Ihr könnt euch aber auch ganz eigene Formen eines Mandalas ausdenken. Wichtig ist: Das Mandala hat einen Mittelpunkt, an den man beim Gehen von außen nach innen gelangen kann – mal auf mehr, mal auf weniger verschlungenen Pfaden, die alle eine gleichmäßige Ordnung haben.

Extra-Glücks-Tipp:

Malt gemeinsam ein Mandala auf ein großes Blatt Papier. Lasst euch ganz von eurem Inneren leiten. Welche Form hat das Mandala? Soll es bestimmte Farben bekommen? Gestaltet auch hier einen Weg, der von außen nach innen verläuft. Nun könnt ihr diesen Weg mit dem Finger nachzeichnen. Wie fühlt es sich an? Ist es anders, mit dem Finger von außen nach innen zu ziehen als von innen nach außen? Ihr könnt auch ein kleines Mandalaritual daraus machen und zum Entspannen und Beruhigen nach einem langen Tag erst einmal den Mandalaweg anschauen und mit dem Finger nachfahren. Das ordnet die Gedanken und macht wieder ein bisschen freier.

Sinnspürer im Wald

Das braucht ihr:
einen Ausflug in den Wald

Genießt es, wenn …
ihr achtsamer mit euch und der Natur umgehen wollt.

So geht's:

Wenn ihr mal wieder die energiereiche Luft im Wald genießen wollt, dann übt doch, wie ihr mit euren ganzen Sinnen die Natur aufnehmt. Hierzu verbindet ihr jemandem von euch mit einem weichen Tuch die Augen, er ist der »Sinnspürer«. Führt den Sinnspürer nun vorsichtig umher und gebt ihm verschiedene Dinge zum Anfassen, wie zum Beispiel einen Tannenzapfen, etwas Moos, ein Blatt, oder lasst ihn Gras, feuchte Erde oder eine kleine Pfütze berühren. Der Sinnspürer beschreibt, was er gerade fühlt. Das ist gar nicht so einfach. Danach darf der Sinnspürer im Wald auch schnuppern. Wie riecht ein Laubhaufen? Wie duften verschiedene Blumen? Riecht ein Stock mit Moos anders als einer ohne Moos? Wieder ist dies eine sehr sinnliche Erfahrung. Zum Abschluss lauscht alle gemeinsam auf die Geräusche im Wald. Was könnt ihr hören? Wie viele Geräusche gibt es? Danach tauscht ihr, und ein anderer ist der Sinnspürer.

Extra-Glücks-Tipp:

Ihr könnt auch vorher Naturmaterialien sammeln, diese ausbreiten und dann den Sinnspürer vorsichtig tasten lassen.

Die Lotosblüte im See

Das braucht ihr:
eine Wiese, eine Stoff-Lotosblüte, Blätter oder ein langes Seil

Genießt es, wenn ...
ihr eure Kreativität ausprobieren wollt.

So geht's:

Legt auf eine Wiese einen Kreis mit Blättern oder einem Seil. Das ist der geheimnisvolle See. In den See legt ihr in die Mitte eine Stoff-Lotosblüte. Ihr steht jedoch alle außerhalb des Kreises, also am Ufer des Sees, und würdet so gerne in die Nähe der Lotosblume gelangen. Aber wie bekommt ihr hinüber? Der See ist nämlich sehr tief. Jetzt ist eure Fantasie gefragt. Könntet ihr gemeinsam einen kleinen Steg bauen? Könnt ihr euch gegenseitig festhalten, sodass ihr gemeinsam zur Lotosblüte gelangt? Vielleicht könnt ihr euch auch Tücher wie Flügel umbinden und zur Lotosblüte schweben. Ihr merkt schon, dass Teamarbeit gefragt ist. Und hier kommen auch die ganz Kleinen groß raus, denn sie haben oft die einfachsten und besten Ideen.

Extra-Glücks-Tipp:

Probiert auch in eurem Alltag Lösungen, in die alle mit einbezogen werden, wie zum Beispiel umweltbewusster Umgang, Ideen für Ausflüge oder gemeinsame Rituale. Manchmal haben die Kleinen wirklich tolle Einfälle.

Müll-Erfinder-Ideen

Das braucht ihr:
abgewaschenen oder sauberen Müll, Kordeln, Papier, Schere, Kleber

Genießt es, wenn ...
ihr ausprobieren wollt, was man aus Müll alles machen kann, und ihr euer Umweltbewusstsein stärken möchtet.

So geht's:

Am besten sammelt ihr schon vorher Müll, den man gut zum Basteln gebrauchen kann, wie leere Joghurtbecher, Getränkekartons, Strohhalme, Verschlüsse, Papier oder anderes. Überlegt nun gemeinsam, was ihr aus euren Müllschätzen Tolles basteln könnt. Vielleicht erfindet ihr ja sogar ein richtiges Spiel oder baut kleine Schiffe, die ihr schwimmen lassen könnt, oder eine Spielzeugrutsche. Es gibt so viele Ideen ...

Extra-Glücks-Tipp:
Ladet doch mal viele andere Kinder zu einer Party ein, auf der ihr gemeinsam bastelt. So macht es noch mehr Spaß.

Naturgeschichte

Das braucht ihr:
ein Fleckchen Natur und Fantasie

Genießt es, wenn ...
ihr einen besseren Zugang zum Naturreich wünscht, gerne kleinen Geschichten lauscht und sie erzählt.

So geht's:

Wenn ihr gemeinsam draußen in der Natur seid, im Wald, auf einer Wiese, im Park, im Garten oder auch nur auf einem winzigen Fleckchen zwischen den Häusern, dann sucht euch doch mehrere schöne Dinge aus, die euch besonders ansprechen: Vielleicht das große Blatt, das am Boden liegt, der knorrige Zweig oder die braunen Erdkrumen, die so besonders aussehen. Wenn jeder etwas gefunden hat, setzt euch im Kreis zusammen und betrachtet eure schönen Dinge. Der Älteste von euch beginnt nun und erzählt eine kleine Geschichte, in der genau der gefundene Gegenstand vorkommt. Vielleicht tanzten auf dem großen Blatt ja am Abend schon die Elfen? Oder die Wichtel haben die Erdkrumen zur Seite gelegt, um die Wurzeln der Pflanzen besser zu durchlüften? Die richtige Geschichte wird euch schon finden. Erzählt gemütlich reihum. Ihr werdet staunen, wie spannend es in der Natur sein kann.

Extra-Glücks-Tipp:

Ihr könnt auch eine gemeinsame Geschichte erzählen. Legt dazu alle gesammelten Gegenstände in die Mitte und erzählt zusammen: Jeder immer einen weiteren Satz oder ein kleines Stückchen mehr zur Geschichte.

Wutspaß

Das braucht ihr:
etwas Wut

Genießt es besonders, wenn …
ihr angestauten Ärger einmal so richtig loslassen wollt.

So geht's:

Dass man sich ärgert und auch wütend wird, bleibt nicht aus und ist ganz normal. Doch oft stellt sich die Frage: Wohin mit meiner Wut? Sie zu unterdrücken bringt nicht viel, also am besten ganz ungefährlich rauslassen. Wenn sich jemand von euch mal wieder so richtig ärgert, dann gönnt ihm doch eine richtige Wutzeit.

Nimm ein Symbol für deine Wut, das du dir gut aussuchst, wie eine Wutmaske oder ein Wutkissen, und such dir einen Platz, wo du dich frei bewegen kannst. Und nun geht der Wutspaß los: Du kannst ganz nach Lust und Laune deine Wut rauslassen, dir Schimpfwörter überlegen und herumstampfen – aber mit einer Bedingung: Es muss alles ganz lautlos sein! Hebe deine Fäuste und schreie wild und lautlos herum. Du wirst merken, dass es dir richtig guttut und du bald selbst über dich lachen musst. Vielleicht magst du auch ein paar

Zuschauer einladen. Probier es mal aus! Besonders Kinder haben an solch einem Ausdruck von Wut einen riesengroßen Spaß.

Extra-Glücks-Tipp:
Überlegt euch gemeinsam Ideen, wie ihr eure Wut verwandeln könnt.

Wie gut kennen wir uns?

Das braucht ihr:
einige Blankokarten und einen Stift

Genießt es, wenn ...
ihr euch noch besser kennenlernen möchtet.

So geht's:

Manchmal leben wir zusammen, aber so ganz richtig kennen wir uns gar nicht, weil vieles schon so selbstverständlich geworden ist. Das soll sich aber heute ändern. Zunächst schreibt ihr auf jede Karte eine Frage, die ihr von den anderen gerne beantwortet haben möchtet, zum Beispiel:

Was ist dein größter Traum?

Was würdest du am liebsten tun, wenn du alles könntest?

Hast du ein Vorbild?

Wen würdest du gerne einmal treffen?

Wie würdest du anderen gerne helfen?

Was macht dir im Moment Sorgen?

Von wem wünschst du dir Hilfe?

Wie sieht dein Traumleben aus?

Wie möchtest du am liebsten wohnen?

Was möchtest du gerne ändern?

Was gefällt dir richtig gut, so wie es ist?

Was wünschst du dir für uns alle?

Dies sind nur einige Beispiele. Natürlich könnt ihr noch viel mehr Fragen aufschreiben, die euch berühren. Anschließend mischt ihr alle Karten und legt sie verdeckt auf einen Stapel. Nun zieht jeder reihum eine Karte, liest die Frage laut vor und beantwortet sie. Ihr werdet erstaunt sein, welche neuen Einsichten ihr über euch und eure Familie gewinnt.

Extra-Glücks-Tipp:

Statt die Frage selbst zu beantworten, gebt sie doch jemandem, von dem ihr die Antwort gerne hören möchtet. Dies ist übrigens auch ein schönes Spiel für besondere Feste, um sich wieder ein bisschen näherzukommen.

Schwebende Leichtigkeit

Das braucht ihr:
viele bunte Luftballons

Genießt es besonders, wenn ...
ihr einfach mal wieder mehr Leichtigkeit spüren möchtet.

So geht's:

Pustet zunächst verschiedene Luftballons auf. Besonders viel Spaß macht es, wenn sie unterschiedliche Größen oder verschiedene Formen haben. Für jeden sollten mindestens fünf Luftballons zur Verfügung stehen. Wenn ihr alle Ballons aufgeblasen habt, legt ihr euch in einem Kreis auf den Rücken auf den Boden, sodass eure Köpfe zur Kreismitte zeigen. Jeder von euch versucht nun, so viele Luftballons wie möglich gleichzeitig in der Luft zu halten. Wie viele Ballons könnt ihr mit den Händen und den Füßen schweben lassen? Manchmal muss man sich hierzu schon fantasievolle Verrenkungen ausdenken. Aber denkt daran: Es geht ja um die Leichtigkeit des Seins, also nicht zu viel Anstrengung!

Zum Abschluss werft ihr noch einmal gemeinsam alle Luftballons hoch in die Luft. Könnt ihr sie wirklich alle wieder auffangen, bevor sie den Boden berühren?

Extra-Glücks-Tipp:

Ihr könnt auch versuchen, die Luftballons gemeinsam zu halten. Vielleicht schafft ihr es, euch mit Händen und Füßen gegenseitig zu unterstützen. Könnt ihr gemeinsam mehr Luftballons zum Schweben bringen?

Das geöffnete Tor

Das braucht ihr:
einen Hula-Hoop-Reifen oder einen anderen großen schmalen Reifen

Genießt es, wenn ...
ihr eure gemeinsame Geschicklichkeit und Verbundenheit ausprobieren möchtet.

So geht's:
Stellt den Reifen auf, sodass er möglichst fest steht. Ihr könnt ihn zwischen zwei Stühlen befestigen, aber auch zwischen zwei Bäumen in niedriger Höhe aufhängen. Bildet nun einen Kreis und fasst euch an den Händen. Und nun schreitet ihr durch das geöffnete Tor der Gemeinsamkeit, das der Hula-Hoop-Reifen darstellt. Aber das ist gar nicht so einfach, denn ihr dürft euch nicht loslassen! Wenn sich jemand bückt, um durch das Tor der Gemeinsamkeit zu gehen, müsst ihr ihn also gut an den Händen festhalten. So spürt ihr eure Gemeinsamkeit und Unterstützung, dürft aber alleine durch das geöffnete Tor schreiten.

Extra-Glücks-Tipp:

Ihr könnt euch auch besondere Bewegungen ausdenken, wie ihr jeweils durch das geöffnete Tor schreiten müsst – wie eine leichte Feder, wie ein mutiger Löwe oder wie ein wildes Pferd. Bestimmt fallen euch noch viele andere Ideen ein.

4.

Liebevoll und kreativ

Gute-Laune-Tischsets

Das braucht ihr:

DIN-A3-Blätter, Stifte, Laminierfolie

Genießt es, wenn …

ihr schon morgens beim Frühstück besonders gute Laune bekommen und eine schöne Einstimmung auf den Tag haben möchtet.

So geht's:

Jeder bekommt ein DIN-A3-Blatt. Überlegt euch nun ein schönes Motiv, das ihr gerne darauf zeichnen möchtet, wie

- einen Sonnenaufgang in einer Traumlandschaft,
- eine Wiese mit Einhörnern,
- ein großes Herz mit guten Wünschen oder
- ein besonderes Krafttier.

Malt euer Blatt mit kräftigen Farben ganz aus. Wenn ihr fertig seid, müsst ihr eure Bilder nur noch laminieren lassen, am besten in einem Copy-Shop. Dort werden eure Bilder in eine wasserfeste Hülle eingeschweißt, die abwaschbar ist. Jetzt habt ihr tolle Tischsets, die ihr immer wieder benutzen könnt und die jeden Tag schon beim Frühstück gute Laune machen.

Extra-Glücks-Tipp:

Ihr könnt auch Tischsets aus Stoff gestalten, die ihr mit leuchtenden Stofffarben bemalt.

Mini-Botschaftsstempel

Das braucht ihr:
Moosgummi, kleine Stücke Holz, Kleber

Genießt es besonders, wenn ...
ihr anderen eine kleine Botschaft mitgeben möchtet.

So geht's:

Mit eigenen Stempeln kann man wunderbar Briefe verzieren oder Einladungskarten dekorieren. Da der Stempel selbstgemacht ist mit eurem eigenen Wunschmotiv, könnt ihr, was euch wichtig ist, ganz einfach als Mini-Botschaft an andere weitergeben. Überlegt gemeinsam, welche Motive euch gut gefallen oder etwas über eure Gemeinschaft aussagen. Vielleicht möchtet ihr ein Einhorn gestalten, das euch und andere inspiriert, oder eine Lotosblume, die meditativ wirkt?

Schneidet aus dem Moosgummi eure Lieblingsformen aus. Klebt als Stempelgriff ein kleines Stück Holz oben auf das Moosgummi. Und schon könnt ihr drauflos stempeln. Dies gelingt mit einem Stempelkissen, aber ebenso auch mit Fingerfarbe, die ihr auf einen kleinen Teller streicht und in die ihr den Stempel drückt.

Extra-Glücks-Tipp:

Mit dem Stempel könnt ihr Einladungskarten, Bilderrahmen, Postkarten und vieles mehr verzieren.

Duftkissen

Das braucht ihr:
ein kleines Kissen zum Selbernähen oder auch einen kleinen Kissenbezug, den man öffnen und verschließen kann, zusätzlich benötigt ihr als Füllung etwas Watte oder Wolle

Genießt es besonders, wenn ...
ihr Düfte und Wohlbefinden verbinden und besser einschlafen wollt.

So geht's:

Erschnuppert zunächst eure Lieblingsdüfte. Am besten könnt ihr das in der Natur oder in einem Laden mit natürlichen Aromadüften machen. Viele Düfte haben zwar eine entsprechende Wirkung, wie zum Beispiel der beruhigende Duft von Lavendel oder der eher erfrischende Duft von Zitrone oder Grapefruit, aber entscheidet am besten nach eurem eigenen Wohlbefinden und Geschmack.

Düfte werden verschiedenen Kategorien zugeordnet, es ist entweder eine Kopf-, Herz- oder Basisnote. Wählt aus jeder Kategorie einen Duft aus. So erfrischt, beruhigt und erdet euch euer Duftpotpourri gleichermaßen. Als Basisnote kommen zum Beispiel viele Hölzer wie Rosen- oder Sandelholz aber auch Zimt in Betracht. Der Herznote entsprechen viele blumige Düfte und der

Kopfnote eher recht frische wie Bergamotte oder Grapefruit. Achtet darauf, dass ihr wirklich nur natürliche Düfte benutzt. Sie helfen euch am besten.

Träufelt nun von euren drei ausgesuchten Düften (Kopf-, Herz- und Basisnote) nur zwei bis drei Tropfen auf die Watte oder Wolle. Ein Tipp: Ein bisschen Öl eignet sich hervorragend als Träger, sodass ihr die Düfte auch zuerst mit ein wenig Öl vermischen und anschließend auftragen könnt.

Extra-Glücks-Tipp:

Ihr könnt das Duftkissen natürlich auch mit reifen Pflanzen wie Lavendel oder getrockneten Stückchen von Orangen- oder Zitronenschalen füllen, die natürlich unbehandelt sein müssen.

Lieblingsspruch-Postkarte

Das braucht ihr:
Postkarten und Stifte

Genießt es besonders, wenn ...
ihr auch von zu Hause aus anderen Menschen einen lieben Gruß schicken möchtet.

So geht's:

Viele schicken aus dem Urlaub eine Postkarte, auf der allerdings oft nur die üblichen netten Grüße stehen. Macht es doch einmal anders. Hierfür braucht ihr noch nicht einmal wegzufahren, sondern ihr könnt von zu Hause aus wunderschöne Postkarten an alle Freunde schicken, die wirklich erfreuen und vielleicht sogar zum Nachdenken anregen. Überlegt euch spirituelle Aussagen, die euch selbst berühren oder euch weitergeholfen haben. Manchmal ist es nur ein Satz, der einem richtig guttut, manchmal ein kleiner Spruch oder ein Gedicht. Sammelt einige Zeit diese kleinen Kostbarkeiten, die ihr in einem schönen Heft notiert. Dann überlegt euch, welcher Spruch wohl gut zu euren Freunden passen könnte. Natürlich können dies auch ganz verschiedene sein. Schreibt nun einen passenden Spruch auf die Postkarte, beklebt oder verziert sie noch ansprechend und schickt sie natürlich ab. Das ist eine schöne Überraschung, über die sich eure Freunde sicher freuen werden.

Extra-Glücks-Tipp:
Einige schöne Sprüche findet ihr schon einmal hier:

Nicht das Denken erlöst die Welt, sondern die Liebe.
(Manfred Kyber)

Ein spiritueller Weg, der nicht
in den Alltag führt, ist ein Irrweg.
(Willigis Jäger)

Wenn es gar zu dunkel ist in deinem Leben,
sieh doch einmal nach, ob es nicht am Ende daher kommt,
dass alle deine Fensterläden zu sind.
(Johannes Kepler)

Du wirst morgen sein, was du heute denkst.
(Buddha)

In dir selbst ist eine Ruhe und ein Heiligtum, in welches du
dich jederzeit zurückziehen und ganz du selbst sein kannst.
(Hermann Hesse)

Wenn wir wahren Frieden in der Welt erlangen wollen,
müssen wir bei den Kindern anfangen.
(Mahatma Gandhi)

Spielende Kinder sind lebendig gewordene Freuden.
(Friedrich Hebbel)

Sommer in den Händen

Das braucht ihr:
Fingerfarbe in Gelb, Orange, Grün und Braun, DIN-A3-Blätter oder größere

Genießt es besonders, wenn …
ihr ein bisschen Sommer mit den Händen verschenken wollt.

So geht's:

Sonnenblumen sind ein wundervolles Symbol des Sommers – und diesmal könnt ihr sie ganz sinnlich erfahren! Jeder bekommt ein Blatt Papier. Auch die ganz Kleinen können hier toll mitmachen. Lege das Papier hochkant vor dich hin. Bestreiche deine Handinnenflächen nun mit brauner Fingerfarbe.
Ihr könnt es auch gegenseitig machen. Das ist ein herrliches Matschgefühl. Nun drückst du nur deine Handkante auf das Papier, zuerst die eine und darüber die andere, sodass du einen braunen Stängel auf dem Papier siehst. Er sollte aber nur bis zur Hälfte des Blattes reichen. Jetzt wascht ihr eure Hände und bestreicht sie mit grüner Fingerfarbe. Damit drückst du seitlich an den Stängel die Blätter. Jetzt wascht ihr wieder eure Hände. Nun bestreichst du eine Hand mit gelber und

die andere Hand mit orangener Fingerfarbe, und ihr druckt einen großen Kreis oberhalb des Stängels. Dies werden die Blütenblätter der Sonnenblume. Dazu legt ihr eure Hände immer nebeneinander. Eure Abdrücke dürfen sich natürlich auch überschneiden. Die Fingerspitzen zeigen im Kreis nach außen, sodass sie das obere Ende des Stängels berühren. In der Mitte ist der Kreis nun noch hell. Diesen füllst du aus mit braunen Tupfen deiner Fingerspitzen. So entsteht das Innere der Sonnenblumenblüte. Du kannst die Sonnenblume auch ausschneiden und auf ein farbiges Papier kleben. Das ist eine tolle Dekoration oder auch ein wunderschönes Sommergeschenk – und voller Energie deiner Hände.

Extra-Glücks-Tipp:

Du kannst den Stängel oder die Blüte auch einzeln auf verschiedene Blätter drucken, diese dann ausschneiden und auf einem neuen farbigen Blatt zusammenkleben. So hast du eine noch exaktere Form.

Glücksbild

Das braucht ihr:
Wasser- oder Fingerfarbe, DIN-A4-Blätter, schwarzer Filzstift

Genießt es besonders, wenn ...
ihr jemandem ein hübsches Glücksgeschenk machen wollt.

So geht's:
Marienkäfer sehen nicht nur niedlich aus, sondern sie bringen auch Glück, wenn sich einer freiwillig auf dich setzt – und natürlich freiwillig wieder wegfliegen darf. Heute bringt ihr selbst eine ganze Menge Glück, denn auf eurem Blatt tummeln sich gleich ganz viele niedliche Marienkäfer. Tupfe die Spitze deines Zeigefingers in rote Wasser- oder Fingerfarbe. Auf deiner Fingerkuppe sollte viel Farbe sein. Nun drückst du deine Fingerkuppe auf das Blatt Papier. Mach dies an unterschiedlichen Stellen, denn alle Fingerabdrücke werden gleich süße Marienkäfer. Wenn die Farbe blasser wird, bestreichst du deinen Finger einfach mit neuer roter Farbe. Wenn du genügend Fingerabdrücke auf deinem Blatt hast, nimmst du einen schwarzen Filzstift und malst den Marienkäfern einen kleinen Kopf mit Fühlern, male dann noch sechs Beinchen und schwarze Punkte auf den roten Rücken. Schon ist dein Glücksbild fertig!

Extra-Glücks-Tipp:

Probiert doch mal aus, ganz bunte Käferchen zu drucken. So habt ihr nicht nur rote, sondern auch gelbe, grüne oder blaue Glückskäfer!

Gute-Laune-Boten

Das braucht ihr:

DIN-A4-Blätter, Wasser- oder Fingerfarbe, braunen Fotokarton

Genießt es besonders, wenn ...

euch die ersten warmen Frühlingssonnenstrahlen kitzeln und ihr euer Zuhause mit schwebenden Gute-Laune-Boten dekorieren wollt.

So geht's:

Den ersten Schmetterling des Frühlings zu sehen, ist ein ganz besonderes Erlebnis und sehr inspirierend. Möchtet ihr auch so herrlich luftig-leichte Boten in eurem Zuhause haben? Ihr könnt sie ganz einfach basteln: Falte ein DIN-A4-Blatt einmal quer und öffne es wieder. In die Mitte kommt später der Schmetterlingskörper. Rechts und links entstehen die leuchtenden Flügel. Male nun nur auf eine Hälfte mit sehr viel Farbe ein strahlend buntes Schmetterlingsmuster, vielleicht sogar schon ein bisschen in der Form eines Flügels. Nun klappst du das Blatt zusammen und drückst fest darauf. Jetzt öffnest du es vorsichtig und hast auf der anderen Seite den Flügel spiegelbildlich abgedruckt. Schon ist dein kleiner Schmetterling fast fertig. Schneide nun aus dem braunen Fotokarton einen schmalen Schmetterlingskörper aus, der oben und unten etwas spitzer zuläuft, und klebe ihm Fühler auf. Wenn du magst, male noch ein lachendes kleines Gesicht dazu. Er sieht bestimmt toll aus und eignet sich auch hervorragend zum Basteln für ganz kleine Kinder.

Extra-Glücks-Tipp:
Bastelt die Schmetterlinge in unterschiedlichen Größen wie zum Beispiel auf DIN-A5- oder auch DIN-A6-Papier. So wirken sie noch viel lebhafter. Übrigens könnt ihr mit den Schmetterlingen auch ein prima Frühlingsmobile gestalten. Befestigt in der Mitte des Schmetterlings einen hellen Faden und bindet ihn an einen kleinen Stock. Mehrere Stöckchen verbindet ihr, sodass sich die leichten Schmetterlinge nun bei jedem Windhauch ganz sanft bewegen.

Engelbilder

Das braucht ihr:
Stifte, Papier

Genießt es besonders, wenn ...
ihr euch mit Engeln beschäftigen und sie durch eure Hände spüren wollt.

So geht's:
Einen Engel zu malen, ist noch eher einfach. Aber viel schöner ist es, sich dabei fast engelhaft führen zu lassen und zu schauen, welcher Engel aufs Papier gezaubert wurde. Zunächst legt ihr das Blatt Papier vor euch hin und verbindet einem von euch, dem Maler, die Augen. Der Maler darf einen Stift in die Hand nehmen. Aber er malt nicht selbst, sondern wird vom Engelhelfer geführt. Gemeinsam schafft ihr nun ein wunderschönes Engelbild. Der Maler lernt, sich zu entspannen, und vertraut auf die weise Führung des Engelhelfers. Und der Engelhelfer bewegt ganz vorsichtig die Hand des Malers. Eine tolle Partnerarbeit!

Extra-Glücks-Tipp:
Probiert doch einmal, einen Engel zu malen, wenn beide die Augen verbunden haben. Dies ist eine besondere Überraschung.

Familien-Teelichter

Das braucht ihr:
Modelliermasse, die an der Luft trocknet und die man anmalen kann, Wasserfarbe

Genießt es, wenn …
ihr ein schönes Symbol für eure Familie haben möchtet, bei dem auch die Individualität nicht zu kurz kommt.

So geht's:

Teelichthalter zu formen geht ganz einfach. Besonders schön sind aber die ganz speziellen Teelichthalter für eure Familie. Formt die Modelliermasse wie kleine lustige Menschen. Sie bekommen einen etwas dickeren Bauch, in den ihr eine Mulde für das Teelicht macht. Fügt Beine, Arme und einen Kopf hinzu mit langen oder kurzen Haaren, je nachdem wie ihr ausseht, denn ein bisschen Ähnlichkeit sollen die Teelichthalter schon mit euch haben. Da gibt es bestimmt viel zu lachen. Achtet nur darauf, dass jedes Teelichtmännchen seine Arme links und rechts weit ausbreitet. Ansonsten sind eurer Fantasie natürlich keine Grenzen gesetzt. Nach ein bis zwei Tagen sind eure Teelichthalter getrocknet. Jetzt kommt noch eine schöne Aufgabe: Malt sie mit Farbe bunt an, vielleicht in den Farben deines Lieblingspullis, mit bunten Zopfspangen oder dem tollen Rock oder der klasse Hose. Nun seid ihr fertig. Wenn ihr die Teelichthalter so zusammenstellt, dass es aussieht, als würden sie sich an den ausgebreiteten Händen halten, bekommt ihr einen wunderschönen Teelichtkreis, eine richtige Gemeinschaft! Wenn ihr nun die Teelichter leuchten lasst, bekommt ihr bestimmt gute Laune.

Extra-Glücks-Tipp:
Bastelt die Teelichthalter doch mehrfach, und verschenkt sie dann an liebe Menschen, die euch nahestehen.

Gute-Laune-Hut falten

Das braucht ihr:
DIN-A3-Blätter, Stifte, schöne Dinge zum Dekorieren

Genießt es, wenn ...
ihr unbedingt gute Laune braucht oder zeigen wollt, dass ihr richtig viel Spaß habt.

So geht's:

Der Gute-Laune-Hut bringt euch neue Fröhlichkeit. Gleichzeitig zeigt ihr auch allen anderen, dass ihr heute einfach Spaß habt.

Der Gute-Laune-Hut ist ganz leicht herzustellen: Am besten nehmt ihr ein farbiges DIN-A3-Blatt und faltet es zu einer Hut-Form. Legt das Blatt zuerst quer vor euch und faltet es in der Mitte. Danach faltet ihr es noch einmal und öffnet es nur einmal wieder. Das Blatt sieht jetzt so aus, dass es einmal gefaltet mit dem geöffneten Rand nach unten liegt und in der Mitte die Faltlinie hat. Nehmt jetzt rechts und links oben beide Ecken und faltet sie schräg bis zur Mittellinie. Die beiden unten überstehenden Streifen faltete ihr jeweils nach oben. Jetzt müsst ihr nur noch die kleinen überstehenden Ecken umfalten und den dreieckigen Hut etwas auseinanderziehen. Schon ist er als Grundmodell fertig. Damit er auch richtig gute Laune verbreitet, könnt ihr ihn noch toll dekorieren. Wie wäre es mit langen bunten Bändern aus Krepppapier oder Gummibärchen in der Hutkrempe? Bestimmt fallen euch auch tolle lustige Motive ein, die ihr auf den Hut malt oder womit ihr ihn beklebt.

Je nach Geschmack könnt ihr euch auch einen Waldhut, einen Feenhut oder einen lustigen Tierhut mit eurem Krafttier basteln. Natürlich darf auch jeder seinen eigenen individuellen Hut erfinden. Wenn ihr ihn aufsetzt, werdet ihr merken, wie anders sich alles anfühlt!

Extra-Glücks-Tipp:

Der Gute-Laune-Hut eignet sich auch hervorragend für besondere Rituale wie zum Beispiel den Geburtstag, ein Wiesenfest oder den letzten Schultag vor den Sommerferien.

Farbenfeuerwerk

Ihr braucht:
Papier, Wasserfarbe und für jeden einen Strohhalm

Genießt es besonders, wenn ...
der Tag eher regnerisch ist und ihr eine Menge bunter Farben mit Fantasie benötigt.

So geht's:

Jeder bekommt ein Blatt Papier und einen Strohhalm. Nehmt nun viel Wasser und viel Wasserfarbe und macht damit einen dicken Klecks auf das Papier. Jetzt blast ihr mit dem Strohhalm den Klecks in alle Richtungen. Nun nehmt ihr eine andere Farbe und kleckst wieder auf das Blatt. Wenn ihr mit dem Strohhalm ziemlich nah herangeht, könnt ihr die Farbe wieder in alle Richtungen pusten. Kleckst so viel herum, wie ihr wollt. Ist euer Bild fertig, dann schaut gemeinsam, welche geheimnisvollen Formen entstanden sind. Sieht dein Bild wie ein Fantasiewald aus oder eher

wie geflügelte Elfen, die fliegen, oder ...? Bestimmt habt ihr noch viel mehr tolle Ideen.

Extra-Glücks-Tipp:

Wenn ihr dunkles Papier nehmt, sehen die bunten, verzweigten Kleckse wie ein helles Feuerwerk aus. Mit gelber Farbe schweben sie sogar wie Sternschnuppen umher.

Schutzengelkissen gestalten

Das braucht ihr:
ein helles Kuschelkissen und Textilstifte

Genießt es besonders, wenn ...
ihr euch gegenseitig ein kleines Geschenk machen wollt.

So geht's:

Ein Schutzengelkissen hilft besonders gut beim Einschlafen und spendet auch Trost, wenn man ihn braucht. Malt zuerst einen Schutzengel auf ein Blatt Papier. So könnt ihr ihn immer noch ein bisschen verändern, bis ihr das Gefühl habt: Genau so will der Schutzengel aussehen. Nun paust ihr die Zeichnung vorsichtig auf den Kissenbezug. Anschließend malt ihr die Konturen mit einem Textilstift nach. Überlegt nun, ob ihr das Kissen lieber schlicht mögt oder vielleicht noch Perlen oder eine kleine Tasche aufnähen möchtet, in die man ganz geheime Sachen stecken kann. Wollt ihr den Kissenrand lieber noch mit anderen Textilfarben verzieren? Wenn ihr mögt, schenkt das Kissen doch jemandem, der ein bisschen Trost und Zuversicht gebrauchen kann – aber natürlich könnt ihr es euch auch selbst schenken. Oder ihr gestaltet gleich zwei oder drei oder ... Schutzengelkissen, denn man kann nie genug davon haben und verschenken.

Extra-Glücks-Tipp:

Gebt eurem Schutzengelkissen doch einen Namen. So wird euer Kissen noch persönlicher. Vielleicht könnt ihr auch noch einen himmlischen Spruch auf das Kissen schreiben oder eure eigenen Namen darunter!

Apfelsterne

Das braucht ihr:
einen oder mehrere Äpfel

Genießt es besonders, wenn ...
ihr etwas Wunderbares im Inneren eines Apfels entdecken möchtet.

So geht's:

Äpfel sind besonders gesund, und nicht umsonst heißt es ja: *An apple a day keeps the doctor away.* Doch der Apfel birgt in sich auch ein wunderschönes Geheimnis. Er zeigt euch nämlich ein kleines Stückchen vom Himmel, was aber die meisten Menschen, die einen Apfel essen, gar nicht sehen. Auch hier kommt es, wie so oft im Leben, wieder einmal auf die Blickrichtung an.

Macht doch einmal folgendes Experiment: Statt den Apfel von oben nach unten zu halbieren – also statt ihn vom Stielansatz aus zu teilen –, halbiert ihr ihn in der Mitte, sodass eine Hälfte den Stielansatz oben hat und die andere Hälfte den Blütenansatz. Wenn ihr euch jetzt die Hälften anseht, so entdeckt ihr in der Mitte einen wunderschönen Stern mit fünf Zacken! Wenn ihr den Apfel nun vorsichtig in weitere Streifen schneidet, habt ihr ganz viele Apfelsterne, die ihr beispielsweise trocknen oder auch mit ein bisschen Zimthonig bestreichen könnt. Sie sehen richtig anmutig aus und zeigen euch, wie Himmel und Erde sich in einem kleinen Apfel widerspiegeln können.

Extra-Glücks-Tipp:

Ihr könnt die Apfelsterne auch schön zum Dekorieren eines Obstsalates verwenden oder für einen leckeren Apfelsterne-kuchen.

Überraschungssteine

Das braucht ihr:
Modelliermasse, Farben in »Steintönen« wie Braun oder Beige

Genießt es besonders, wenn …
ihr euch gegenseitig mit guten Wünschen überraschen wollt. Die Überraschungssteine eignen sich aber auch als besonders schönes kleines Geschenk einfach zwischendurch.

So geht's:

Ihr benötigt Modelliermasse, die ihr zu ausgefallenen Steinen formt – vielleicht formt ihr ein Herz, einen gewellten Stein oder einen mit vielen Ecken und Kanten? Die Steine sollten eher klein als groß sein, damit ihr sie bequem in eine Jackentasche stecken oder gut verschenken könnt. Stellt ruhig mehrere Steine her, die ihr später auch dekorativ in einem Glas aufbewahren könnt. Nachdem die modellierten Steine getrocknet sind, malt ihr sie in »Steinfarben« an. So wirken sie besonders echt, sehen aber aufgrund ihrer außergewöhnlichen Form doch wieder ganz besonders aus und werden zu einem richtigen Hingucker. Zum Abschluss beschriftet ihr die Steine mit positiven Wörtern wie Freude, Glück, Harmonie, Schönheit, Liebe … Sucht euch, immer wenn euch danach ist, einen besonderen Stein aus, den ihr in eurer Jackentasche mitnehmt und der euch an die positive Eigenschaft, die auf ihm steht, erinnert. Natürlich könnt ihr die Steine auch als positive Botschaft verschenken – vielleicht sogar an Nachbarn oder Fremde, die euch begegnen und die vielleicht einen Überraschungsstein gebrauchen können.

Extra-Glücks-Tipp:

Eine schöne Idee für das Wochenende: Setzt euch zusammen und überlegt gemeinsam, was in der Woche alles gut gelaufen ist. Für jede Situation oder Handlung, die euch einfällt, und sei sie noch so klein, nehmt ihr einen Stein aus eurem Steinglas und legt ihn in eine schöne Schüssel. Ihr werdet staunen, wie viele Steine ihren Platz wechseln. Wenn ihr sie die Woche über betrachtet, werdet ihr bestimmt wieder positiv gestimmt.

Mit Taschenlampen malen

Das braucht ihr:
einen dunklen Raum und ein oder zwei Taschenlampen

Genießt es besonders, wenn ...
ihr vor dem Zubettgehen gemeinsam noch etwas Beruhigendes machen wollt.

So geht's:

Wenn dein Kind schon im Bett liegt, setz dich gemütlich dazu. Nehmt nun eine Taschenlampe (es kann auch jeder eine Taschenlampe in der Hand halten) und verdunkelt das Zimmer. Jetzt benötigt ihr nur noch eine weiße oder möglichst einfarbige Wand. Vielleicht könnt ihr vorher noch ein Bild abhängen, damit ihr eine große Fläche habt. Und jetzt geht es auch schon los: Ihr knipst die Taschenlampe an und »malt« abwechselnd mit dem Licht ein Bild an die Wand. Versucht zunächst ganz einfache Motive wie eine Sonne oder ein Herz. Der andere muss raten, um welches Lichtmotiv es sich wohl handeln könnte. Wenn euch dies gut gelingt, könnt ihr euch auch an andere Motive heranwagen, wie beispielsweise eine Blume, eine Elfe oder sogar ein ganzes Bild wie eine Wiese, auf die der Mond scheint und auf der die Elfen tanzen.

Extra-Glücks-Tipp:

Ihr könnt auch Wörter aus Licht schreiben, das wirkt besonders schön. So habt ihr eine besondere Lichtschrift! Wie sieht »Gute Nacht« im Lichtschein aus?

Wintergaben

Das braucht ihr:
einen Tontopf, kleine Deko-Steinchen, einen kleinen Tannenzweig, eine dicke Kerze, Wachsplättchen und bunte Knete

Genießt es besonders, wenn ...
ihr in der dunklen Jahreszeit und in der Vorweihnachtszeit euch selbst und anderen eine lichtvolle Freude machen wollt.

So geht's:

Befüllt den Tontopf mit kleinen Deko-Steinchen. Verziert anschließend die Kerze mit den Wachsplättchen. Besonders schön sieht eine weiße Kerze aus (aber auch andere Farben eignen sich gut), die ihr mit roten Wachsmotiven verziert. Hier könnt ihr aus dem Wachs Kreise, Herzen, Sterne und alles formen, was euch gefällt. Die Wachsmotive drückt ihr fest an die Kerze, sodass sie gut halten. Stellt nun die Kerze in den Blumentopf hinein, damit sie stabil steht. Die Steinchen geben ihr Halt. Legt flach neben die Kerze einen kleinen Tannenzweig. Nun könnt ihr den Blumentopf mit bunter Knete winterlich verzieren. Wenn es noch einfacher gehen soll, könnt ihr ein breites Dekoband in einer schönen Schleife um den Blumentopf binden. Fertig ist eure Wintergabe, über die sich bestimmt viele Menschen freuen werden.

Extra-Glücks-Tipp:

Wie wäre es mit Wintergaben auch für Tiere? Nehmt einige Äpfel, die ihr aushöhlt, und steckt sie auf kleine Zweige an einen Baum für die Vögel oder lasst im Herbst noch an verschiedenen Stellen im Garten Laub und kleine Stöcke liegen für die Igel und Insekten.

Familienheft

Das braucht ihr:
DIN-A4-Heft, Geschenkpapier und kleine Dekomotive zum Einbinden

Genießt es besonders, wenn …
ihr positive und gelungene Dinge der Woche aufschreiben möchtet.

So geht's:

Gestaltet euer persönliches Familienheft zunächst mit wunderschönem Geschenkpapier. So hat es einen ganz besonderen Einband. Diesen könnt ihr natürlich noch mit vielen Extra-Motiven verzieren. Und dann geht es auch schon los: Nehmt euch jeden Tag oder einmal in der Woche einige Minuten und denkt darüber nach, was alles Schönes passiert ist. Dies können auch nur Kleinigkeiten sein, die für euch aber eine Bedeutung haben, wie zum Beispiel:

- Ich habe ein gutes Gespräch mit meiner Nachbarin geführt.
- Ich habe einen Regenwurm gerettet.
- In der Schule habe ich mit einem Jungen gespielt, den ich sonst eigentlich gar nicht mag. Aber es hat gut geklappt.

- Meinen Lieblingsflummi habe ich nach langem Suchen wiedergefunden.
- Ein neues Essen ist mir gut gelungen.
- Endlich habe ich die Anleitung für den neuen Drucker verstanden.

Alle diese Dinge haben viel Platz in eurem Familienheft. Jeder, der Lust hat, schreibt oder malt etwas hinein, ob ein Erlebnis oder mehrere spielt keine Rolle. So füllt sich euer Heft immer mehr und zeigt euch, wann immer ihr hineinschaut, was wirklich richtig toll bei euch ist.

Extra-Glücks-Tipp:
Ein schönes Ritual ist es auch, wenn ihr gemeinsam am Wochenende in euer Heft schaut und euch alle eingetragenen Erlebnisse gegenseitig vorlest. Die Kleinen unter euch dürfen natürlich ihre gemalten Bilder beschreiben.

Unsere Welt

Das braucht ihr:
Packpapier, Wasserfarbe, Wachsmalstifte

Genießt es besonders, wenn …
ihr eure Fantasiewelt gestalten wollt und gespannt seid, wie diese wohl aussehen wird.

So geht's:

Rollt zunächst das Packpapier auf dem Boden aus und befestigt es mit Klebestreifen oder stellt an den Ecken etwas Schweres darauf (zum Beispiel eure Hausschuhe). Zeichnet nun mit einem Wachsmalstift einen ganz großen und besonders dicken Kreis auf das Packpapier. Blau oder Grün eignen sich gut, aber auch Weiß passt sehr schön. Der Kreis stellt die Kontur eurer Welt dar. Nun zeichnet ihr mit den Wachsmalstiften verschiedene Kontinente mit Bergen, Ebenen und so vielen Landschaften, wie ihr mögt. Denkt auch an kleine Inseln. Wer lebt wohl auf den Kontinenten, und wie ist dort das Klima? Zum Abschluss malt ihr mit Wasserfarbe überall noch Seen, Meere und Ozeane hinein. Da die Wasserfarbe von den Wachsmalfarben abperlt, macht es auch gar nichts, wenn hier und da mal etwas überschwappt. Wie gefällt euch eure Welt? Sieht sie ganz anders aus als unsere? Hat sie andere oder ähnliche

Farben? Vielleicht hat eure Welt einen riesigen Regenbogen und Sterne, die man sogar tagsüber sieht …?

Extra-Glücks-Tipp:

Ihr könnt auch kleine Kärtchen nehmen und auf diese verschiedene Tiere, Pflanzen oder Menschen malen. So könnt ihr die Kärtchen dann später den Kontinenten zuordnen oder euch überlegen, wo alle wohnen sollen.

5.

Herzlich und zuversichtlich

Schenkt euch einen Stern

Das braucht ihr:
nur euch selbst und einen Stern

Genießt es besonders, wenn ...
ihr Ehrfurcht vor der unendlichen Weite habt und euch an die Großartigkeit des ganzen Universums erinnern wollt.

So geht's:

Wollt ihr euch einmal etwas ganz Besonderes schenken? Bei einem Spaziergang an einem frühen Winterabend oder in einer warmen Sommernacht kann man nämlich wunderschöne Geschenke machen. Wenn man dann nach oben in den Himmel schaut, wird man ganz besinnlich und ehrfürchtig. So viele Sterne sind zu sehen! Erkennt ihr noch das Sternbild Großer Wagen oder den Sirius? Das Licht, das von vielen Sternen zu uns kommt, ist schon viele tausende von Lichtjahren unterwegs ... Das ist schon wirklich sehr besonders, und manchmal wird man ganz still beim Betrachten. Schenkt euch doch einen wunderschönen Stern, den ihr euch am Himmel aussucht. Vielleicht gebt ihr ihm sogar einen Namen. Merkt ihn euch gut, sodass ihr ihn auch immer wiederfindet. Vielleicht könnt ihr sogar ins

Planetarium gehen und einmal nachfragen, wo euer Stern ist, wie weit entfernt, in welcher Galaxie ...

Extra-Glücks-Tipp:
Ihr könnt euren Stern auch aufzeichnen. Wie sieht er aus? Könnte man auf ihm wohnen?

Weg und Ziel

Das braucht ihr:
für jeden ein DIN-A3-Blatt und Stifte

Genießt es besonders, wenn ...
ihr gemeinsam Probleme lösen möchtet.

So geht's:

Jeder bekommt ein DIN-A3-Blatt und farbige Stifte. Der Älteste von euch beginnt und beschreibt ein Stück eines Weges, zum Beispiel: »Der Weg beginnt sehr schmal, aber er leuchtet schön.« Nun nimmt jeder von euch einen Stift und malt das Gehörte auf sein Blatt, vielleicht mit einer leuchtenden Farbe. Jetzt ist der Nächste an der Reihe: »Der Weg führt nun über eine Brücke.« Jetzt malt ihr eine Brücke, über die der Weg verläuft. Der Nächste ergänzt nun vielleicht: »Aber auf einmal steht ein Felsen im Weg, und wir müssen hinüberklettern.« Jetzt malt ihr auf euren Weg einen Felsen und eine farbige Kletterspur. So geht es reihum weiter. Manchmal gibt es auf dem Weg Hindernisse, die ihr bewältigen müsst, manchmal ist der Weg auch ganz sonnig und schön.

Nach zwei oder drei Runden, bei denen jeder den Weg etwas beschreiben konnte, seid ihr am Ziel angelangt. Was ist dein Ziel? Male es nun auf dein Bild. Jeder darf natürlich ein anderes Ziel haben. Stellt sie euch doch gemeinsam vor und sprecht darüber und würdigt eure Wege, die nicht immer einfach waren. Sie sehen aber im Ganzen betrachtet bestimmt sehr schön aus.

Extra-Glücks-Tipp:
Ihr könnt mit Bauklötzen oder Naturmaterialien auch Wegelandschaften bauen. Wie sieht ein schwieriger Weg aus oder ein leichter? Was passiert an Weggabelungen? Führen vielleicht sogar beide Wege zum Ziel?

Familienpost

Das braucht ihr:
einen größeren Schuhkarton, buntes Papier, farbige Stifte, kleine Dinge zum Dekorieren

Genießt es besonders, wenn …
ihr Ideen und Gefühle in Ruhe gemeinsam besprechen wollt.

So geht's:

Schneidet in den Deckel des Schuhkartons einen Schlitz wie bei einem Briefkasten hinein. Gestaltet nun den Schuhkarton ganz nach euren Wünschen. Vielleicht gefällt euch ja eine Landschaft besonders gut, wie zum Beispiel das Meer. Dann beklebt den Schuhkarton doch im maritimen Stil in Weiß und Blau mit Muschelmotiven, malt Seepferdchen und bunte Fische darauf und bindet eine weiße Kordel wie ein kleines Seemannstau um den Karton. Vielleicht gefällt euch ja auch eine Fantasielandschaft in leuchtenden Farben. Ihr könnt bei einem Spaziergang Blätter sammeln und diese auf den Schuhkarton kleben und vielleicht noch etwas Glitzer darüberstreuen. Auch ein winterlicher Schuhkarton sieht bestimmt sehr stimmungsvoll aus. Wichtig ist auf jeden Fall, dass der verzierte Schuhkarton auch wirklich allen gefällt, denn ihr dürft ihn ja auch alle benutzen.

Stellt euren Karton an einen schönen Platz. Bestimmt bekommt ihr sehr oft Post in euren Briefkasten. So etwas Ähnliches ist auch der Karton. Doch ihn ihm findest du keine Werbung oder Rechnungen, denn euer Karton ist nur für eure Familienpost da! Immer wenn jemand von euch eine Idee hat, was man vielleicht gemeinsam machen könnte, einen Vorschlag für ein Lieblingsessen, Dinge, die es zu besprechen gibt, oder auch einfach mal ein dickes Lob an alle, schreibt er das auf ein Blatt, faltet es wie einen Brief und steckt ihn in euren Familienbriefkasten. Nehmt euch dann einmal in der Woche Zeit, vielleicht besonders gut am Wochenende nach dem Frühstück, und leert euren Briefkasten aus. Gemeinsam werden nun alle Briefe vorgelesen und besprochen. So fällt kein Thema in der Woche unter den Tisch, weil es mal wieder so hektisch war. Gerade am Wochenende kann es ein schönes Ritual werden, gemeinsam die Post zu lesen. Sucht euch aber eine Zeit aus, die ihr am entspannendsten findet.

Extra-Glücks-Tipp:

Ihr könnt euch auch schöne Bilder, kleine liebevolle Botschaften oder viele wunderschöne Kärtchen »schicken«. Wenn ihr den Familienbriefkasten gemeinsam öffnet, erwarten euch jedes Mal viele kleine Überraschungen, die euch wieder viel Kraft für euren Alltag geben.

Mini-Probleme

Das braucht ihr:
ein Problem und eure Fantasie

Genießt es besonders, wenn ...
ihr Sorgen habt und ihr diese aus einer anderen Perspektive betrachten und lösen wollt.

So geht's:

Setzt euch gemütlich zusammen und besprecht ein Problem, das jemand von euch hat. Vielleicht hat dein Kind zum Beispiel Angst vor einem stärkeren Kind in der Schule. Nun schaut euch das Problem von allen Seiten an. Was genau macht Angst? Was tut das vermeintlich stärkere Kind? Nachdem dein Kind seine Angst geschildert hat, darf es sich ganz entspannt hinlegen und die Augen schließen.

Erzähle ihm nun, dass es sich die Situation, vor der es Angst hat, einmal ganz genau wie in einem Film vorstellen soll. Dann macht dein Kind mit einem Fotoapparat in Gedanken einmal »klick«, und das gefährliche Bild ist aufgenommen und sieht aus wie in einem Bilderrahmen. Aber das Tolle daran: Es ist ein Zauberrahmen, und dieses Bild im Rahmen kann man schrumpfen lassen. Dein Kind sieht nun, wie die angstvolle Situation immer kleiner und kleiner wird. Sie schrumpft und wirkt allmählich gar nicht mehr so bedrohlich. Jetzt ist die Situation nur noch so groß wie ein Finger, und man muss sich schon bücken, um sie zu sehen. Es wirkt vielleicht so witzig, dass dein Kind schon lachen muss. Und jetzt schrumpft auch das gesamte Bild und verschwindet.

Im zweiten Schritt bittest du dein Kind, sich vorzustellen, wie die ängstliche Situation im besten Fall ablaufen könnte. Wie könnte dein Kind reagieren? Was würde es sagen oder tun? Spielt es beide in eurer Fantasie durch, sodass sich dein Kind immer wohler fühlt, bis es ganz sicher ist. Dann öffnet es wieder die Augen. Wie geht es euch jetzt? Seid gespannt, wie sich die reale Situation verändern wird.

Extra-Glücks-Tipp:
Malt das Problem auf ein Blatt Papier, sodass man es deutlich sieht. Dann faltet ihr das Blatt. Jetzt ist es nur noch halb so groß. Auch hier malt ihr wieder das Problem. Wieder faltet ihr das Blatt. Auch jetzt malt ihr wieder das Problem, das immer kleiner und kleiner wird. Faltet das Blatt so klein, wie es nur geht. Zum Schluss könnt ihr wahrscheinlich nur kleine Punkte als euer Problem malen, und das sieht schon wieder richtig witzig aus. Und wenn man erst einmal über ein Problem lachen kann, ist es nur noch halb so wild.

Wir halten uns

Das braucht ihr:
euch selbst und einen Baumstumpf

Genießt es, wenn ...
ihr das Gefühl des gemeinsamen Haltens wieder einmal besonders spüren wollt.

So geht's:

Am schönsten ist diese Übung im Wald. Sucht euch dort einen größeren Baumstumpf aus. Betrachtet die Jahresringe, die Baummaserung, schaut, ob vielleicht kleine Sprösslinge neben dem Baumstumpf wachsen. Dann stellt euch alle ganz vorsichtig zusammen auf den Baumstumpf. Das ist gar nicht so leicht, denn es ist ja nicht viel Platz vorhanden. Haltet euch gut aneinander fest. Am besten funktioniert es, wenn ihr die Arme von außen um euch legt und euch somit stützt, damit niemand wackelt. Vielleicht müsst ihr auch auf einem Bein stehen oder ganz eng zusammenkommen. Nachdem ihr eure Balance und euren Halt gefunden habt, genießt es, einige Minuten so getragen zu werden – vom Baum unter euch und von eurem eigenen Zusammenhalt. Dann löst ihr euch wieder vorsichtig und steigt herunter. Wie fühlt ihr euch jetzt?

Extra-Glücks-Tipp:

Ihr könnt diese Übung auch an anderen Orten ausprobieren. Legt in eurem Zuhause eine ausgebreitete Zeitung auf den Boden und stellt euch gemeinsam darauf. Im Garten könnt ihr auch mit einem Seil einen kleineren Kreis legen und euch alle hineinstellen. Auch hier müsst ihr euch natürlich wieder gegenseitig stützen und halten. Gemeinsamer Zusammenhalt tut einfach gut. Sprecht hinterher über euer Erlebnis.

Vertrauensschaukel

Das braucht ihr:
nur euch selbst

Genießt es besonders, wenn ...
ihr gemeinsam Vertrauen genießen wollt.

So geht's:

Hier ist es gut, wenn ihr zwei Erwachsene seid und natürlich Kinder mitmachen – wie viele, sagt euch eure Kondition ... Stellt euch einander gegenüber, überkreuzt eure Hände und fasst fest die Hände des anderen, sodass ihr einen guten Halt habt. Nun darf sich ein Kind auf eure Arme setzen und sich dabei an euren Schultern festhalten. Und jetzt geht der Spaß los! Ganz langsam schaukelt ihr das Kind hin und her, dabei bewegt ihr eure Arme immer ausladender zur Seite, sodass das Kind immer höher schaukelt. Wenn es ganz oben ist, darf es selbst entscheiden, ob es allein abspringen möchte oder lieber wieder ganz sanft zur Erde geschaukelt wird. Das gefällt Kindern einfach riesig. Sie lernen dadurch Vertrauen, spüren die Wärme und Nähe und können selbst entscheiden, ob sie das »Nest« schon eigenständig durch den Sprung verlassen oder lieber vorsichtig wieder abgesetzt werden wollen.

Extra-Glücks-Tipp:

Ihr könnt auch eine weiche Kuscheldecke über eure Arme legen, so fühlt sich die »Schaukel« noch sanfter an.

Himmlisch zusammen essen

Das braucht ihr:
für jeden einen langen Löffel

Genießt es besonders, wenn ...
ihr spüren wollt, wie gut euch eure Gemeinschaft tut.

So geht's:

Kennt ihr die Geschichte vom Himmel, wo alle ganz lange Löffel haben, sodass sie selbst nicht damit essen können? Und was machen sie? Statt aufzugeben, füttern sie sich einfach gegenseitig! Probiert es einfach mal selbst aus. Jeder bekommt einen ganz langen Löffel, den man aber nicht kürzer fassen darf. Schafft ihr es, euch gegenseitig beim Essen zu helfen? Kinder lieben diese Übung, da sie auch einmal wie die Großen füttern dürfen. Wie geht es euch dabei, sich einerseits etwas hilflos zu fühlen, aber andererseits gut genährt zu werden? Sprecht hinterher über eure Empfindungen, und lasst es ruhig zu, dass etwas gekleckert wird ...

Extra-Glücks-Tipp:

Schließt beim Füttern auch einmal die Augen. Verlasst euch ganz auf euer Gefühl. Am Anfang mag es noch nicht so gut gelingen, aber nach einiger Zeit spürt ihr, wie schön es ist, einfach nur genießen zu dürfen.

Bunte Wunder pflanzen

Das braucht ihr:
kleine Tütchen mit Blumensamen, am besten von Wildblumen

Genießt es, wenn ...
euer Leben bunter werden soll und ihr anderen Menschen und Tieren eine unverhoffte Freude bereiten möchtet.

So geht's:

Gibt es in eurer Umgebung an einigen Stellen zwischen Häusern oder an den Seiten des Gehwegs auch Ecken, die niemandem zu gehören scheinen, auf denen eigentlich nichts wächst und die ziemlich trostlos aussehen, obwohl Erde vorhanden ist? Dann dürft ihr den Blumenfeen zur Seite stehen. Streut doch an diesen unwirtlichen Orten einfach eure Wildblumensamen aus. Auch für schattige Plätze gibt es Blumen, die gerade dort gut gedeihen. Seid ruhig verschwenderisch mit dem Ausstreuen, sodass es ein richtiger Blumenregen wird. Dann schaut nach ein paar Tagen wieder vorbei. Sprießen schon die ersten Keimlinge? Natürlich dürft ihr auch ein bisschen gießen. Immer wenn ihr an den ehemals trostlosen Ecken vorbeikommt, entdeckt ihr, wie die Blumen schon wieder gewachsen sind – und bald natürlich blühen! Wer hätte gedacht, dass so auch in völlig unbeachteten Winkeln kleine Blumenoasen entstehen können. Und das Beste: Auch andere Menschen haben eine große Freude daran. Es ist fast wie ein kleines Wunder. Vielleicht könnt ihr sogar Schmetterlinge, Bienen und Käfer beobachten. Und das alles nur dank kleiner Tütchen mit Blumensamen! Toll!

Extra-Glücks-Tipp:

Ihr könnt auch auf dem Balkon oder im Garten beziehungsweise Vorgarten kleine Wunder entstehen lassen. So haben auch viele Menschen viel Freude daran.

Ich packe in mein Geschenk für dich

Das braucht ihr:
nur euch selbst

Genießt es, wenn …
ihr die positive Energie zwischen euch stärken wollt.

So geht's:

Setzt euch gemütlich zusammen. Bestimmt kennt ihr noch das Spiel »Ich packe meinen Koffer«, bei dem jeder reihum immer einen Gegenstand mehr einpacken und der nächste dann den ganzen Kofferinhalt wiederholen musste. So ähnlich geht auch dieses Spiel, allerdings mit vielen tollen Geschenken. Deshalb heißt es auch: »Ich packe in mein Geschenk für dich …« Und so geht es los: Wer am meisten Geschenke braucht, beginnt und packt schon mal für den Nächsten in der Runde, zum Beispiel: »Ich packe in mein Geschenk für dich viel Freude.« Dieses Geschenk wird pantomimisch feierlich an den anderen weitergereicht. Dieser sagt zum Beispiel: »Ich packe in mein Geschenk für dich viel Freude und einen bunten Regenbogen.« Dieses Geschenk wird auch wieder feierlich an den Nächsten weitergereicht. Der wiederholt alles und sagt zum Beispiel: »Ich packe in mein Geschenk für dich viel Freude, einen bunten Regenbogen und Sonnenstrahlen, die dich wärmen.« So geht es reihum weiter. Auch zu zweit kann man gut Geschenke verteilen. So ist man dann einfach häufiger dran und bekommt natürlich ein Riesengeschenk. Wenn jemand nicht mehr weiterweiß, dürfen die anderen natürlich helfen. Entscheidet selbst, wann ihr mit eurem Geschenk zufrieden seid und es feierlich auspackt. Das imaginäre Geschenk bekommt natürlich jeder. Fast wie am Geburtstag!

Extra-Glücks-Tipp:

Ihr könnt »Ich packe mein Geschenk für dich« auch mit einem anderen Inhalt spielen. Legt doch mal gute Erfahrungen reihum hinein oder Wunschträume für den anderen.

Kuschelecke gestalten

Das braucht ihr:
eine Zimmerecke, viele Kissen, eine Klappmatratze, eine Kuscheldecke

Genießt es besonders, wenn ...
ihr euch eine gemütliche Kuschelecke in einem Zimmer einrichten möchtet, wo ihr zusammen lesen, Musik hören oder natürlich kuscheln wollt.

So geht's:

Ihr braucht eine möglichst freie Zimmerecke, die ihr auch im Alltag kuschelig belassen könnt. Dies kann eine Ecke im Kinder-, aber vielleicht auch im Wohnzimmer sein. Richtig schön wird es, wenn ihr eine Klappmatratze benutzt. Sie wird dreimal zusammengeklappt, wie eine kleine Couch. Legt darauf eine Menge bunter Kissen. Hierzu passt auch sehr gut euer Engelkissen, das ihr vielleicht schon hergestellt habt. Wählt für die Kissen warme Farben wie Orange, Dunkelgelb oder verschiedene sanfte Rot- und Grüntöne aus. Auch etwas Braun kann ruhig dabei sein. Das erdet besonders gut. Ergänzt eure Kuschelecke mit einer schönen Decke und einer Aromalampe. Nehmt hier am besten eine elektrische. Als Beleuchtung könnt ihr eine Lichterkette über eurer Kuschelecke befestigen. Auch ein schönes Tuch, das ihr wie einen Baldachin spannt, sieht sehr dekorativ aus. Und dann nichts wie hinein ins Kuschelvergnügen ...

Extra-Glücks-Tipp:
Vor dem Schlafengehen ist eine prima Kuschelzeit. Es macht großen Spaß, auf den Kissen zu liegen und ein Buch vorzulesen. Vielleicht dekoriert ihr eure Kuschelecke je nach Geschmack einmal märchenhaft oder sommerlich oder weihnachtlich oder ...

Viele Begrüßungen

Das braucht ihr:
nur euch selbst

Genießt es, wenn ...
ihr neue Rituale kennenlernen möchtet.

So geht's:
In vielen Ländern begrüßen sich die Menschen ganz anders als wir: In Italien schüttelt man sich besonders lange die Hände und umarmt sich herzlich. In Frankreich gibt man sich eher Küsschen auf die Wange, in Grönland reibt man die Nasen aneinander, in Indien begrüßt man sich mit überkreuzten Armen und verbeugt sich leicht, in Japan verbeugt man sich sehr tief voreinander. Probiert doch einmal die unterschiedlichen Begrüßungsformen aus. Wie fühlt ihr euch dabei? Welche Begrüßung gefällt euch am besten? Und wie wäre es, wenn ihr euch morgens schon so begrüßt?

Extra-Glücks-Tipp:
Ihr könnt auch einen richtigen Begrüßungstag veranstalten: Denkt euch für jeden Tag ein anderes Ritual aus, mit dem ihr

euch begrüßen wollt. Wie wäre es mit Po an Po oder der Begrüßung der kleinen Finger? Probiert alles aus, was euch Spaß macht. So bekommt ihr schon morgens gute Laune. Und wer weiß, vielleicht entdeckt ihr ja ein Begrüßungsritual, das ihr ab jetzt zu eurer Familienbegrüßung macht! Da werden die anderen staunen!

Gemeinsam entscheiden

Das braucht ihr:
DIN-A3-Blatt, Stift, verschiedenfarbige Steine oder unterschiedliche Muscheln

Genießt es, wenn ...
ihr gemeinsam eine faire und freundliche Entscheidung treffen wollt, bei der jeder zu seinem Recht kommt.

So geht's:
Manchmal stehen Entscheidungen an, deren Lösung nicht immer ganz eindeutig ist, wie zum Beispiel:

Was sollen wir am Wochenende gemeinsam unternehmen?
Wie wollen wir unsere Waldfeier gestalten?
Wem sollen wir etwas spenden?

Um einen Überblick über eure Vorlieben zu bekommen, benötigt ihr zuerst ein DIN-A3-Blatt, das ihr in verschiedene Felder unterteilt. Jedes Feld zeigt euch dabei einen Vorschlag. Am besten malt oder schreibt ihr den Vorschlag in das Feld hinein. Mehr als sechs Vorschläge sollten es allerdings nicht sein, damit euer Entscheidungsblatt schön übersichtlich bleibt. Nun darf reihum jeder seine Meinung oder seine Gefühle zu den Vorschlägen äußern. Wichtig: Dies muss ohne Kommentar der anderen geschehen! Egal, ob klein oder groß, jeder darf dazu sagen, was er will. Im letzten Schritt sucht sich nun jeder drei Steine einer Farbe oder drei gleiche Muscheln aus. Diese dürft ihr nun auf eure drei liebsten Vorschläge legen. Nachdem dies jeder gemacht hat, seht ihr auf einen Blick, auf welchem Feld die meisten Steine liegen. Wenn jeder von euch dort einen Stein hingelegt hat, habt ihr einstimmig abgestimmt. Falls jemand gar keinen Stein dort platziert hat, sprecht noch einmal darüber, damit auch jeder mit dem Ergebnis einverstanden ist.

Extra-Glücks-Tipp:
Je öfter ihr dies probiert, desto leichter kommt ihr zu vielen gemeinsamen Entscheidungen.

Was würde dein Lieblingstier sagen?

Das braucht ihr:
nur eure Intuition

Genießt es, wenn …
ihr einen guten Rat braucht.

So geht's:

Wenn ihr Hilfe und einen wirklich guten Rat für eine Frage braucht, fragt doch einmal euer Krafttier. Ihr habt noch keins? Dann stellt euch vor, welches Tier besonders gut zu euch passt. Welche Eigenschaften schätzt du an deinem Tier? Ist es ähnlich oder ganz anders als du? Bist du ihm schon einmal begegnet, oder ist es eher ein Wesen, das man nicht so oft sieht? Hat es auch einen Namen?

Schneide aus Zeitschriften Bilder deines Krafttieres aus. Du kannst auch Postkarten nehmen oder dir Fotos aus dem Internet ausdrucken. Gestalte hiermit ein ganzes Krafttierposter. Vielleicht kannst du dein Krafttier auch als Kuscheltier kaufen. Krafttiere müssen gar keine besonders bekannten Tiere sein. Auch kleinere wie eine Eidechse, ein Schmetterling oder ein Rotkehlchen eignen sich ebenso gut. Am besten nimmt sich jeder von euch etwas Zeit, um zu spüren, welches Krafttier ihn besonders anspricht. Jeder kann natürlich ein anderes Krafttier haben.

Wenn ihr eure Krafttiere gefunden habt, probiert Folgendes aus: Setzt euer Krafttier neben euch auf einen freien Platz. Stellt nun eurem Krafttier eine Frage, auf die ihr gern eine Antwort haben wollt. Wartet einen kleinen Moment ab und wechselt dann den Platz, sodass ihr nun direkt neben eurem Krafttier sitzt. Lauscht genau, ob ihr eine stille Antwort bekommt. Manchmal ist es auch eine Ahnung oder ein bestimmtes Gefühl. Bedankt euch anschließend bei eurem Krafttier. Ihr könnt diese Übung sooft machen, wie ihr wollt.

Extra-Glücks-Tipp:
Nehmt euch viel Zeit für diese Übung. An manchen Tagen spürt ihr, dass ein anderes Krafttier mit euch sprechen will. Lauscht genau hin.

Kleine Schnecke, komm heraus

Das braucht ihr:
eine Kuscheldecke

Genießt es besonders, wenn ...
ihr euch von allem zurückziehen möchtet, aber insgeheim darauf hofft, dass doch jemand ganz nah bei euch ist.

So geht's:

Jemand von euch, der sich am liebsten ganz verkriechen möchte, weil heute etwas gar nicht gelungen ist, darf sich auf die Decke legen und sich ganz, ganz klein einrollen wie eine Schnecke im Schneckenhaus oder wie ein kleiner stacheliger Igel. Nun setzen sich die anderen dazu und berühren die kleine Schnecke ganz vorsichtig und zart – wirklich nur ein kleines bisschen. Wie gefällt das der Schnecke? Entspannt sie sich schon? Vielleicht sieht man ja schon einen Fühler! Nun streichelt ihr ganz sanft und versucht so, die Schnecke immer ein bisschen mehr aus ihrem Haus zu locken. Ihr streichelt weiter und berührt sie ganz zart. Rollt sie sich schon etwas

auf? Kümmert euch weiter liebevoll um die Schnecke, bis sie sich ganz entspannt entrollt hat. Das hat bestimmt gutgetan.

Extra-Glücks-Tipp:
Nehmt zum Streicheln auch eine weiche Feder, etwas Watte oder ein Seidentuch. Schau auch, wie du als kleine Schnecke darauf reagierst.

Gefühleblitz

Das braucht ihr:
einige Karten in verschiedenen Farben wie Gelb, Blau, Grün, Rot, Gold oder in Regenbogenfarben sowie verschiedene Postkarten mit Landschaften

Genießt es, wenn ...
ihr euch in nur wenigen Minuten über eure momentanen Gefühle bewusst werden wollt und eine gute Basis für übereinstimmende weitere Aktivitäten finden möchtet.

So geht's:
Setzt euch zusammen. Legt alle Farbkarten und Landschaftspostkarten in die Mitte. Jeder von euch sucht nun ganz intuitiv eine Farbe und eine Landschaft aus, die gerade zur eigenen Stimmung passen. Falls zwei von euch dieselbe Farbe gerade als passend empfinden, gebt ihr diese Karte in der Gefühlsrunde einfach weiter. In der Gefühlsrunde darf nun jeder seine Farbe und seine Landschaft kurz vorstellen und seine eigenen Gefühle mitteilen. Dies könnte folgendermaßen ablaufen: »Ich habe die grüne Karte und die Waldlandschaft gewählt, weil ich mich im Moment ein bisschen müde fühle. Grün baut mich gerade richtig auf. Habt ihr Lust, mit mir in den Wald zu gehen?« Oder: »Ich

habe die Farbe Gold ausgesucht, weil ich heute richtig gute Laune habe. Das zeige ich euch auch mit meiner Postkarte vom Strand und den bunten Strandkörben.« Nachdem jeder seine Gefühle mitgeteilt hat, wisst ihr sehr genau, wie es den anderen gerade geht. Jetzt habt in nur wenigen Minuten viele tolle Ideen gefunden, was euch guttun würde und wie ihr den Tag gemeinsam weiter gestalten könnt.

Extra-Glücks-Tipp:
Der Gefühleblitz eignet sich auch prima als kleines Ritual am Wochenende.

6.

Lichtvoll und wohltuend

Wo die Elfen wohnen

Das braucht ihr:
Naturmaterialien

Genießt es besonders, wenn ...
ihr den Elfen wieder einmal ganz nah sein wollt.

So geht's:

Kommt es euch manchmal auch so vor, als würdet ihr Elfen oder Zwerge sehen? Vielleicht nur ganz kurz aus den Augenwinkeln? Oder würdet ihr gerne einmal diesen schönen Wesen begegnen? Baut ihnen in der Natur doch eine hübsche kleine Unterkunft. An einem Baumstamm, in dessen Nähe vielleicht sogar viele bunte Blumen wachsen, könnt ihr mit feineren Ästen eine wunderschöne Elfenwohnung bauen, die ihr mit Moos bequem ausgestaltet. Achtet darauf, dass genügend Sonnenstrahlen auf den Platz scheinen. Nehmt aber nur solche Naturmaterialien, die ihr findet; bitte nicht irgendetwas abpflücken. Schaut anschließend immer mal wieder ganz vorsichtig vorbei. Vielleicht seht ihr ja eine Elfe oder einen Zwerg.

Extra-Glücks-Tipp:
Ihr könnt auch eine kleine Wohnung an einem See oder an einem kleineren Fluss bauen.

Herzensdinge

Das braucht ihr:
ca. 20 kleine Herzen aus Stoff oder Papier

Genießt es, wenn ...
ihr eurer Intuition wieder vertrauen wollt.

So geht's:
Setzt euch gemeinsam an einen Tisch oder auf den Boden. Legt alle Herzen in die Mitte, sodass jeder von euch sie gut erreichen kann. Nun schließt die Augen. Jeder von euch darf sich ein Herz nehmen – aber diesmal nicht reihum. Achtet auf eure Intuition, wer jetzt wohl gerne ein Herz bekommen möchte. Natürlich dürft ihr dem anderen auch ein Herz schenken. Falls sich eure Hände in der Mitte berühren, lasst das Herz liegen und versucht es noch einmal neu. Ihr lernt so, ganz genau und intuitiv zu spüren, was die anderen gerade vorhaben und möchten.

Extra-Glücks-Tipp:
Etwas einfacher wird es, wenn ihr die Herzensübung mit geöffneten Augen macht. Spürt ihr schon vorher, wer jetzt ein

Herz nehmen möchte? Noch ein Tipp: Spielt es auch einmal ganz anders: Jeder bekommt am Anfang fünf Herzen. Diese müssen nun nacheinander in die Mitte gelegt werden, sodass die Herzen wieder für alle da sind. Schafft ihr es auch diesmal, ohne Worte zu kommunizieren?

Lachender Stern

Das braucht ihr:
nur euch selbst

Genießt es besonders, wenn …
ihr munter werden wollt – oder auch als witzigen Moment einfach zwischendurch.

So geht's:

Diese Idee funktioniert ganz schnell und gibt euch einen großen Energie- und Gute-Laune-Kick. Ihr müsst hierfür nur mindestens zu dritt sein. Wer von euch ein bisschen Fröhlichkeit benötigt, stellt sich als lachender Stern in die Mitte und schließt die Augen. Der lachende Stern breitet seine Arme aus und stellt sich breitbeinig hin, sodass Beine und Arme wie Sternspitzen aussehen. Natürlich können auch die Augen mit einem weichen Schal verbunden werden. Nun wählt jemanden als Sternschnuppe aus, die den lachenden Stern auch wirklich zum Lachen bringt und ihn ein bisschen kitzelt. Der lachende Stern muss nun erraten, welche Sternschnuppe ihn denn da gekitzelt hat. War es richtig, tauscht ihr die Rollen.

Extra-Glücks-Tipp:

Je mehr ihr diesmal seid, desto mehr muss sich der lachende Stern anstrengen zu spüren, wer ihn wohl kitzeln könnte.

Positive Wörter

Das braucht ihr:
nur euch selbst

Genießt es besonders, wenn ...
ihr die Wirkung von positiven Wörtern direkt an eurem Körper spüren wollt.

So geht's:

Ihr habt sicher schon von den sich verändernden Wasserkristallen des japanischen Forschers Emoto gehört. Er hat mit Wasser verschiedene Experimente gemacht und zum Beispiel auf Gläser ausschließlich positive Wörter geschrieben, die die komplette Struktur des Wasser harmonisiert haben. Das könnt ihr auch an euch selbst ausprobieren! Wählt jemanden aus, der mit dem Experiment beginnen möchte. Die Übung könnt ihr im Liegen oder auch im Sitzen durchführen. Schreibt nun viele positive Wörter mit eurem Finger auf den Rücken wie: Freude, Schönheit, Glück, Erfolg, Vollkommenheit, Frieden, Vertrauen, Liebe. Denkt euch noch viel mehr eigene Wörter aus. Wenn ihr alles auf den Rücken geschrieben habt, gönnt euch eine kleine Pause, in der ihr in euch hineinspürt. Wie ist es euch Schreibenden dabei gegangen und wie denjenigen, auf deren Rücken ihr die positiven Wörter geschrieben habt?

Extra-Glücks-Tipp:

Eine tolle Idee ist es auch, ein T-Shirt mit positiven Wörtern zu bemalen. Dies könnt ihr auch unter eurer normalen Kleidung tragen, um den Glücks- und Wohlfühleffekt zu haben.

Das imaginäre Geschenk

Das braucht ihr:
nur euch selbst und etwas Platz

Genießt es besonders, wenn ...
ihr eure Imaginationskräfte stärken und eine nette Überraschung erleben möchtet.

So geht's:

Stellt euch einander gegenüber oder, wenn ihr zu mehreren seid, in einen Kreis. Nun stellt euch vor, dass jemand von euch einen Ball in den Händen hält und ihn zum Nachbarn wirft. Dieser fängt ihn nun genauso imaginär auf und wirft ihn dann weiter, einmal reihum. In der nächsten Runde werft ihr nun einen imaginären sehr, sehr schweren Ball, den man kaum tragen kann. Da muss man (imaginär) sehr gut fangen können und in die Knie gehen, sonst fällt man fast um. In der nächsten Runde pustet ihr nun eine ganz weiche Feder weiter: Könnt ihr sie in der Luft schweben sehen – natürlich wieder in eurer Vorstellung? In der letzten Runde denkt sich jeder ein Geschenk aus, das in einer imaginären Schachtel ist, und reicht es weiter. Ist es schwer oder leicht? Ratet doch einmal, was darin sein könnte! Imaginäre Geschenke sind natürlich immer richtig toll. Ihr dürft alles Mögliche, was euch einfällt, verschenken.

Extra-Glücks-Tipp:

Ihr könnt auch eine bunte Schachtel nehmen und diese weiterreichen. Diesmal sagt ihr, was darin ist und was ihr verschenken möchtet, wie zum Beispiel: »Ich schenke dir in meiner Schachtel einen rosa Elefanten der Gelassenheit.« Da so ein Elefant natürlich sehr viel wiegt, gebt ihr die Schachtel selbstverständlich pantomimisch so weiter, als wäre sie unglaublich schwer. Auch hier könnt ihr alle möglichen Sachen verschenken, die auch gar nicht in eine Schachtel passen. Aber es ist ja eine Zauberschachtel, aus der man sowohl das kleinste als auch das größte Geschenk herausholen kann.

Wünsche für alle

Das braucht ihr:
mehrere bunte Luftballons in euren Lieblingsfarben

Genießt es besonders, wenn ...
ihr anderen Leuten einfach eine Freude machen wollt.

So geht's:

Wünsche für alle sind manchmal ebenso wichtig wie Wünsche für sich selbst. Schreibt gemeinsam auf verschiedene Karten, was ihr euch für die Menschen in eurer Umgebung wünscht. Das können auch ganz kleine Wünsche sein wie: Ich wünsche dir ...

... einen Tag mit einem Lächeln.
... Gelassenheit.
... spielerische Leichtigkeit.
... wundervolle Momente.
... schöne Erfahrungen für dich.

Eure Karte könnte zum Beispiel so aussehen:

Lieber Finder des Luftballons,
schön, dass es dich gibt.
Wir wünschen dir einen besonders
fröhlichen Tag!

Nun blast ihr eure Luftballons auf, befestigt an jedem eine Karte und lasst sie an unterschiedlichen Stellen in eurer Umgebung fliegen. So habt ihr bestimmt vielen eine Freude gemacht.

Extra-Glücks-Tipp:
Wenn ihr eure Luftballons auf eine weite Reise schicken wollt, dann lasst sie mit Helium aufblasen, damit sie richtig hoch steigen. Ihr könnt aber auch Luftballons direkt an Leute verschenken, die euch begegnen. Besonders Kinder freuen sich über ein solches Geschenk, und die Erwachsenen lesen natürlich eure Karte. Viel Spaß!

Lichtweg-Reise

Das braucht ihr:
viele Teelichter, am besten in Glashaltern

Genießt es, wenn …
ihr einem lieben Menschen eine lichtvolle Überraschung bereiten wollt.

So geht's:

Wenn es ganz dunkel ist, man die Tür öffnet und dann einen Lichtweg sieht, rechts und links von Teelichtern eingerahmt, ist dies ein sehr berührender Moment. Ganz toll sieht der Lichtweg im Dunkeln aus. Und besonders schön wirkt er natürlich auch als Überraschung, wenn jemand von einer Reise zurückkommt, einen langen Tag gehabt hat oder einfach als Lichtzeichen zwischendurch. Stellt dazu direkt schon im Eingangsbereich von eurem Zuhause

Teelichter in kleinen Glasschälchen in kürzeren Abständen nebeneinander auf den Boden, sodass die Teelichter wie ein Wegweiser wirken. Am Ende des Weges, der natürlich auch nur ganz kurz sein kann, steht ihr schon mit ausgebreiteten Armen. Das ist als Überraschung wirklich sehr berührend.

Extra-Glücks-Tipp:

Probiert es aus!

Kuschelkerzen im Wasser

Das braucht ihr:
ein leeres Honigglas, buntes textiles Geschenkband oder eine Kordel, eine Schwimmkerze und natürlich etwas Wasser

Genießt es, wenn …
ihr einen kuscheligen Abend verbringen wollt.

So geht's:
Möchtet ihr ein bisschen mehr Romantik in euren Alltag zaubern? Im Winter ein gemütliches warmes Licht oder im Sommer eine warme Stimmung für den Balkon oder die Terrasse? Dann sind die Schwimmkerzen im Glas genau das Richtige – und man muss gar kein Basteltalent sein. Ihr umwickelt ein leeres Honigglas mit einem bunten textilen Geschenkband oder einfach einer schönen Kordel. Dann füllt ihr das Glas etwa halbvoll mit Wasser und setzt die Schwimmkerze hinein: Fertig! Das Wasser spiegelt wunderschön das Licht wider.

Extra-Glücks-Tipp:
Gestaltet mehrere Lichter in unterschiedlichen Höhen, die ihr auf ein Tablett stellt. Das funkelt und glitzert wunderschön.

Gefühlsbarometer

Das braucht ihr:
weiße Pappe, Farbstifte

Genießt es besonders, wenn ...
ihr anderen ganz unkompliziert eure momentanen Gefühle mitteilen wollt.

So geht's:

Schneidet aus der weißen Pappe zunächst einen Streifen, der etwa 20 cm breit und 40 cm lang ist. Unterteilt den Streifen nun in fünf Bereiche, die jeweils 8 cm lang sind. Jeder Bereich bekommt nun ein Gefühl von ganz sonniger Laune bis zur Gewitterwolkenstimmung zugeordnet. Ihr könnt hier ganz eigene Gefühle erfinden wie:

Ich fühle mich heute wie im Garten der Einhörner.

Ich fühle mich wie ein bunter Regenbogen.

Ich fühle mich wie an einem Nieselregentag.

Ich fühle mich wie eine Palme im Sturm.

Ich fühle mich wie ein Grizzlybär in seiner Höhle.

Bestimmt fallen euch noch viele andere Gefühle ein. Sucht euch nun fünf Gefühle aus, die eine möglichst große Spannbreite abdecken, und schreibt sie auf eure Gefühlskarte, jeweils ein Gefühl in einen Bereich. Anschließend gebt ihr dem Gefühl auch noch eine Farbe und malt den Bereich an. Spürt nach, welche Farbe wohl welches Gefühl ausdrücken könnte. Nun ist euer Gefühlsbarometer schon fertig. Ihr benötigt nur noch eine größere Büroklammer, die ihr immer an die Stelle schiebt, die anzeigt, wie ihr euch gerade fühlt. Wenn ihr euer Gefühlsbarometer an eine Zimmertür hängt, weiß jeder sofort, wie heute oder auch gerade eure Stimmung ist.

Extra-Glücks-Tipp:

Ihr könnt eurem Gefühlsbarometer auch ganz unterschiedliche Formen geben und es wie einen Kreis oder einen Regenbogen gestalten.

Landschaft der Zukunft

Das braucht ihr:
eine Rolle Packpapier oder eine Tapetenrolle, Wachsmaler, Stifte, kleinere Kartons, Papier

Genießt es, wenn …
ihr kreativ spielen und eure Zukunftsfantasien schon im Kleinen umsetzen möchtet.

So geht's:

Wie wünscht ihr euch eure Stadt der Zukunft? Wie sollte sie aussehen? Welche Häuser gibt es? Welche Farben haben sie? Gibt es viel Grün? Parks, Wälder oder viele Gärten? Wo kann man einkaufen? Wie sieht die gesamte Landschaft aus? Fragen über Fragen, die sehr spannend zu beantworten sind. Breitet hierzu das Packpapier oder die Tapetenrolle großflächig auf dem Boden aus. Hier könnt ihr Wege, Straßen, Parks, Wälder, Seen, Spielplätze und alles einzeichnen, was ihr euch für eure Stadt der Zukunft wünscht. Vielleicht fällt euch ja vieles ein, was es noch gar nicht gibt, was es eurer Meinung nach aber unbedingt geben sollte.

Aus den verschiedenen Kartons bastelt ihr kleine und große Häuser und Gebäude. Beklebt sie mit buntem Papier und malt sie nach Gefühl an – so wie ihr euch die Zukunft vorstellt. Vielleicht haben sie ja auch ganz andere Formen, als wir sie jetzt kennen. Es macht richtig Spaß, hier kreativ zu sein. Anschließend baut ihr eure Stadt auf – und es darf natürlich ausgiebig damit gespielt werden.

Extra-Glücks-Tipp:
Je fantasievoller ihr seid, desto schöner wird eure Landschaft der Zukunft. Nehmt bei Bedarf ganz unterschiedliche Materialien, auch schon gebrauchte, um eure Stadt ganz besonders zu gestalten.

Gute-Ideen-Interview

Das braucht ihr:
eine kleine Papprolle und eine Filzkugel oder ein Wollknäuel

Genießt es besonders, wenn ...
ihr spielerisch mehr Kontakt zu ganz fremden Leuten möchtet und etwas von ihnen lernen wollt.

So geht's:

Aus einer leeren Papierrolle könnt ihr ganz leicht ein Mikrofon basteln. Beklebt die Rolle hierzu mit buntem Papier und befestigt oben eine Woll- oder Filzkugel. Schon ist das einfachste Mikrofon der Welt fertig. Überlegt euch nun gemeinsam einige Fragen, die ihr noch völlig unbekannten Leuten auf der Straße stellen wollt, wie zum Beispiel:

- Wie könnte man die Welt Ihrer Meinung nach besser schützen?
- Was ist ein guter Umwelttipp?
- Was macht Sie besonders glücklich?
- Haben Sie einen Rat, den Sie anderen Leuten mitgeben möchten?
- Was würden Sie sofort ändern, wenn Sie könnten?

Natürlich fallen euch bestimmt noch viel mehr Fragen ein. Am besten notiert ihr sie alle auf einem Spiralblock, damit ihr schnell umblättern könnt.

Nun kommt der spannendste Teil der Aufgabe: Ihr geht nun wirklich los und sprecht einfach einige Menschen an, an der Bushaltestelle, in der Warteschlange beim Bäcker oder einfach unterwegs. Seid nicht enttäuscht, wenn euch nicht alle antworten, aber viele werden doch etwas sagen. Das ist eine wirkliche Mutprobe! Notiert euch alle Antworten unter eure Fragen. Setzt euch selbst eine bestimmte Zeit, in der ihr fragen wollt, zum Beispiel eine halbe Stunde. Traut euch! Zu Hause schaut ihr euch alle Antworten noch einmal in Ruhe an. Bestimmt könnt ihr viel daraus lernen.

Extra-Glücks-Tipp:
Schreibt die Antworten in ein kleines Heft, und wiederholt euer Interview ein paar Monate später. Erhaltet ihr andere Antworten?

Geschmacksstation

Das braucht ihr:
verschiedene Lebensmittel in kleinen Portionen

Genießt es, wenn ...
ihr wieder zum einfachen Geschmack zurückfinden wollt.

So geht's:

Viele Lebensmittel bestehen aus mehreren Zutaten, die oft gar nicht mehr den Eigenschmack entdecken lassen. Als Vorbereitung, um wieder zum einfachen Geschmack zurückzufinden, stellt ihr verschiedene Lebensmittel in kleinen Portionen auf den Tisch, die alle naturbelassen sind, wie zum Beispiel Naturjoghurt, Getreidekörner, Fruchtstücke oder Honig. Ergänzt euer »Buffet« durch einige Scheiben Vollkornbrot oder -brötchen. Nun verbindet euch gegenseitig die Augen und kostet mit den Fingern. Es fühlt sich ganz anders an. Habt ihr neue Varianten entdeckt? Diese Übung erhöht auch eure Achtsamkeit für unsere Nahrung.

Extra-Glücks-Tipp:
Verlasst euch immer mehr auf eure natürlichen Sinne als auf die bunten Bilder auf den Lebensmitteln. Probiert eure Nahrung häufiger einfach »natur«. So gewinnt ihr euren natürlichen Geschmackssinn zurück.

Bäume spüren

Das braucht ihr:
mehrere Bäume oder einen Wald

Genießt es, wenn ...
ihr eure Sinne und eure Intuition stärken wollt.

So geht's:
Wenn ihr wieder einmal in einem Wald seid, verbindet einem von euch, dem Baumspürer, die Augen. Führt den Baumspürer nun ein bisschen im Wald herum und lasst ihn ausführlich einen Baum fühlen. Wie breit ist der Stamm? Wie fühlt sich die Rinde an? Wie riecht der Baum? Anschließend führt ihr den Baumspürer ein Stückchen vom Baum weg. Jetzt darf auch der Baumspürer die Augen wieder öffnen. Kann er zwischen den ganzen Bäumen den einen Baum wiederfinden? Natürlich darf man auch noch einmal fühlen, umarmen und riechen. Ein spannendes Experiment. Wechselt euch als Baumspürer ab. Wie habt ihr euren Baum wiedererkannt?

Extra-Glücks-Tipp:
Versucht wirklich, euren Baum zu spüren. Fühlt euch in ihn hinein.

Deinen Ort anders kennenlernen

Das braucht ihr:
nur euch selbst

Genießt es, wenn ...
ihr einen neuen Blickwinkel haben möchtet.

So geht's:

Den eigenen Ort und die Straßen in der Nähe kennt jeder. Doch wie wäre es, wenn ihr mal ganz neugierig wie ein fremder Reisender euren Ort erkundet? Steigt dazu in eine Buslinie ein, mit der ihr noch nie gefahren seid, und lasst euch überraschen, wo es hingeht. Erkundet neue Straßen, die ihr noch nie gesehen habt, probiert neue Geschäfte aus, in denen ihr sonst nie einkauft, oder kauft euch bei eurem Lieblingsbäcker etwas, das ihr sonst nie esst. Wie schmeckt es? Wie geht es euch damit? Auch in eurer eigenen Straße könnt ihr bestimmt noch viel Neues entdecken. Nehmt eine Lupe oder ein Fernglas mit. Wie sieht die Straße jetzt aus? Was seht ihr?

Extra-Glücks-Tipp:
Bastelt euch eine Farbenbrille, die eure Gegend in ganz neuem Licht zeigt. Ihr könnt aus fester Pappe eine Brillenform schneiden

und sie mit buntem Transparentpapier bekleben, durch das man hindurchschauen kann. Wie sieht die Welt ganz in Rosa, Grün oder Gelb aus? Gibt es eine Farbe, die euch besonders anspricht, oder seht ihr lieber alles so, wie es ist?

Indianer »Leise Schwinge«

Das braucht ihr:
nur euch selbst

Genießt es besonders, wenn …
ihr lauschen und ein ganz ruhiges Spiel spielen wollt.

So geht's:
Setzt euch im Schneidersitz auf den Boden – am besten verteilt im Raum. Einer von euch ist der Indianer »Leise Schwinge«. Er darf als Einziger aufstehen. Alle anderen schließen nun die Augen. Indianer »Leise Schwinge« schleicht gaaaaanz leise umher. Wer kann ihn hören? Schafft es Indianer »Leise Schwinge«, jemanden zu berühren, ohne vorher gehört zu werden, tauscht ihr die Rollen und derjenige ist nun Indianer »Leise Schwinge«.

Extra-Glücks-Tipp:
Diesmal sitzt Indianer »Leise Schwinge« mit geschlossenen Augen auf dem Boden, und alle anderen gehen leise umher. Nun lasst ihr an unterschiedlichen Stellen ein sanftes Geräusch mit einem zarten Glöckchen oder einer Klangschale erklingen. Nun muss Indianer »Leise Schwinge« in die Richtung zeigen, aus der das Geräusch wohl gekommen ist. Stimmt es?

Winterlichter

Das braucht ihr:
etwas Schnee und natürlich einen tollen Winter

Genießt es besonders, wenn ...
ihr das Licht in der dunklen Jahreszeit zu euch einladen wollt und auch anderen Menschen gerne eine lichtvolle Freude bereiten möchtet.

So geht's:

Wenn ihr viel Schnee habt, formt daraus kleine offene Höhlen oder auch Figuren, in denen ihr eine kleine Nische aushöhlt. Die Figuren müssen nicht besonders hoch sein. Es sieht wunderschön aus, wenn sie euch etwa bis zum Knie reichen. Statt eines Schneemannes könntet ihr doch einmal einen Schnee-engel oder eine Schneeblüte formen. Natürlich sind eurer Fantasie hier keine Grenzen gesetzt. Als ganz einfache Variante sieht aber auch eine kleine Schneehöhle sehr stimmungsvoll aus. Setzt nun jeweils ein Teelicht in einem dicken Glas (zum Beispiel in einem Honigglas) in eure Schneeskulpturen, und zündet es an. Der Schnee reflektiert das Licht ganz besonders schön, sodass eure Skulpturen nun fast anfangen, von allein zu leuchten. An ihnen haben sicherlich auch viele andere Menschen ihre Freude. Solange die Teelichter brennen, bleibt bitte in der Nähe eurer Skulpturen.

Extra-Glücks-Tipp:

Veranstaltet bei euren Winterlichtern doch ein kleines Winterlichterfest! Nehmt einen heißen Kakao oder einen Kinderpunsch mit, damit ihr euch gut aufwärmen könnt. Erzählt euch gemeinsam Wintergeschichten, und genießt den Blick auf eure Lichter!

7.

Geborgen und vertrauensvoll

Sonnenstrahlenmassage

Das braucht ihr:
nur euch selbst und eine gemütliche Decke zum Drauflegen

Genießt es besonders, wenn ...
ihr eine angenehme Entspannung und gleichzeitige Erfrischung braucht.

So geht's:

Jedes Wetter hat seinen Reiz und tut gut. Man muss es nur richtig nutzen. Dies könnt ihr schon zu Hause ganz kuschelig auf einer weichen Decke erfahren. Wer von euch das Wetter einmal ganz hautnah auf seinem Rücken spüren möchte, darf sich auf dem Bauch auf die Decke legen. Besonders schön wird es, wenn jemand die folgende kleine Geschichte erzählt und dazu die Massagebewegungen macht:

Stell dir vor: Heute ist ein wunderschöner warmer Sommertag, und die Sonnenstrahlen kitzeln dich ganz sanft (mit den Fingern langsam und vorsichtig über den Rücken streichen). Du genießt die Sonne sehr und entspannst dich. Alles ist angenehm warm und schön. Ein ganz leichter Wind sorgt für etwas Kühlung (die ganze

Hand streicht nun langsam über den Rücken). Aber ganz allmählich schieben sich dichtere Wolken vor die Sonne (beide Hände streichen über den Rücken). Jetzt beginnt es auch ein kleines bisschen zu regnen, ein Nieselregen (die Fingerkuppen berühren einzeln nacheinander den Rücken). Der Regen wird etwas kräftiger, aber er ist immer noch sehr warm (die Fingerspitzen trommeln vorsichtig immer schneller auf den Rücken). Jetzt setzt noch ein richtiger Schauer ein (die Finger trommeln schnell rauf und runter). Aber nun hört es langsam wieder auf (die Finger bewegen sich langsamer). Ein angenehmer Wind pustet die Wolken davon (beide Handflächen streicheln gemeinsam über den Rücken). Und die Sonne kommt wieder zum Vorschein und streichelt dich (wie am Anfang mit den Fingern langsam und vorsichtig über den Rücken streicheln). Das tut gut. Du reckst und streckst dich und räkelst dich gemütlich, wie du möchtest.

Extra-Glücks-Tipp:
Hört eine CD mit sanften Naturgeräuschen, wenn ihr euch massiert.

Sanfter Halt

Das braucht ihr:
eine weiche Decke

Genießt es besonders, wenn ...
ihr euch gegenseitig stützen und stärken möchtet.

So geht's:

Am besten geht diese Übung zu zweit. Legt die Decke auf den Boden und lauscht entspannender und meditativer Musik. Wer von euch gerade besondere Unterstützung braucht, darf sich nun mit dem Rücken auf die Decke legen. Wenn du Unterstützung bieten möchtest, knie am Kopfende und nimm ganz vorsichtig den Kopf des Liegenden in beide Hände. Jetzt hebe den Kopf ganz langsam nur ein paar Zentimeter an. Der Kopf soll nur nicht mehr den Boden berühren. Du bist bestimmt erstaunt, wie schwer der Kopf ist. Halte ihn einfach ganz sanft fest, und lauscht beide der Musik. Das Halten vermittelt dem Liegenden ein großes Gefühl von Geborgenheit. Kinder können sich hier meistens sehr schnell fallen lassen. Hältst du den Kopf eines Erwachsenen, stellst du fest, wie dieser erst nach und nach loslässt und sich wirklich tragen und halten lässt. Genießt beide das Tragen und Getragenwerden. Wenn du magst, wiege den Kopf ganz sanft hin und her, nur ein ganz kleines bisschen.

Anschließend legst du ihn wieder ganz vorsichtig auf der Decke ab. Gönnt euch beide noch eine geruhsame Zeit der gemeinsamen Entspannung.

Extra-Glücks-Tipp:

Es tut auch sehr gut, wenn du einfach mal einen Arm oder das Bein hältst. Im Alltag kennen wir es oft schon gar nicht mehr, uns jemandem richtig anzuvertrauen und auch gut gehalten zu werden. Genießt wieder einmal das Getragenwerden. Übrigens ist dies auch eine schöne Idee für das Schwimmbad. Hier seid ihr durch den Wasserauftrieb viel leichter und könnt euch gegenseitig auf den Armen tragen und im Wasser herumspazieren.

Wie viele Hände streicheln mich?

Das braucht ihr:
eine kuschelige Decke

Genießt es besonders, wenn ...
ihr kuscheln, streicheln und Achtsamkeit miteinander verbinden wollt.

So geht's:

Der Jüngste von euch legt sich auf den Bauch auf die Kuscheldecke und schließt die Augen. Die anderen überlegen, wie viele Hände jetzt streicheln – nur eine Hand, zwei oder mehrere, wenn ihr auch mehrere Personen seid? Streicht ganz sanft den Rücken entlang. Das tut richtig gut. Aber wie viele Hände streicheln denn im Moment? Um das herauszufinden, muss man eigentlich fast gar nichts tun, nur sich fallen lassen, genießen und spüren, wie viele Hände es gerade gut meinen mit einem. Diese Kuschelübung vertieft ganz nebenbei eure Achtsamkeit. Wechselt euch danach ab.

Extra-Glücks-Tipp:
Wenn ihr nur zu zweit seid, könnt ihr auch eure Finger spüren, die sanft über den Rücken streicheln. Wie viele sind es wohl?

Tun eigentlich mehr oder weniger gut? Experimentiert ein bisschen und probiert aus.

Ich fühl dich

Das braucht ihr:
unterschiedliche Steine in etwa gleicher Größe

Genießt es, wenn ...
ihr achtsamer miteinander umgehen wollt.

So geht's:

Wenn ihr gerade draußen seid, probiert doch einmal folgende Übung aus, die eure Achtsamkeit stärkt: Jeder sucht sich einen Stein aus, den man gut in die Hand nehmen kann. Achtet auf die Farbe, fühlt seine Beschaffenheit und Größe. Dann setzt euch zusammen und legt eure Steine zusammen in die Mitte. Nun schließt die Augen. Jeder nimmt sich wieder einen Stein. Die Augen bleiben aber geschlossen! Fühlt nun ganz genau, ob dies euer Stein sein könnte. Hat er die gleiche Oberfläche oder Größe? Das ist gar nicht so einfach herauszufinden. Wenn ihr die Übung häufiger macht, werdet ihr immer sensibler und achtsamer.

Extra-Glücks-Tipp:
Wenn ihr zu Hause bleiben wollt, kann man die Übung auch sehr gut durchführen. Jeder darf sich dann einen Apfel aussuchen,

ihn befühlen und daran riechen. Dann werden alle Äpfel in die Mitte gelegt, ihr schließt die Augen und sucht euch einen aus. Erkennt ihr euren Apfel wieder? Woran habt ihr ihn erkannt? Ist diese Übung leicht für euch gewesen? Sprecht in Ruhe über eure Erfahrungen.

Dankbarkeitskerze

Das braucht ihr:
eine schöne Kerze

Genießt es besonders, wenn ...
ihr eure Dankbarkeit ausdrücken wollt.

So geht's:

Setzt euch gemütlich zusammen, am besten wenn es schon etwas dunkel ist draußen. Nun zündet ihr feierlich die Kerze an. Dies ist heute eure Dankbarkeitskerze. Überlegt nun in der Stille, während die Kerze in eurer Mitte leuchtet, wofür ihr in eurem Leben dankbar seid. Dann nimm die Kerze in deine Hände und sprich laut für alle: »Ich freue mich und bin dankbar für ...« Nachdem du deine Dankbarkeit zum Ausdruck gebracht hast, reichst du Kerze weiter und der Nächste spricht ebenso seine Dankbarkeit aus. Reicht die Kerze langsam drei Runden herum, sodass alle dreimal die Gelegenheit haben, ihre Dankbarkeit auszusprechen. Dann stellt ihr die Kerze wieder in die Mitte und schweigt noch eine kurze Zeit. Danach fühlt ihr euch bestimmt viel energievoller. Vielleicht schließt ihr ja noch eine Kuschelzeit an?

Extra-Glücks-Tipp:

Diese Übung ist auch ein schönes Ritual für besondere Feste, an denen man einen Rückblick hält, wie zum Beispiel an Silvester.

Euch wiederfinden

Das braucht ihr:

Tücher, um die Augen zu verbinden, und eine große Wiese

Genießt es, wenn ...

ihr spüren wollt, wie schön eine Begegnung sein kann.

So geht's:

Ihr braucht eine große Wiese, auf der ihr viel Platz habt und an nichts anstoßt. Stellt euch einige Meter voneinander entfernt hin und verbindet euch mit den Tüchern die Augen. Falls ihr keine Tücher habt, könnt ihr die Augen natürlich auch einfach schließen – aber bitte nicht blinzeln! Nun bewegt ihr euch – ohne zu sprechen – über die Wiese und versucht, die anderen zu finden. Könnt ihr schon jemanden in eurer Nähe spüren? Oder hört ihr eher leise die Schritte? Wer könnte in deiner Nähe sein? Falls ihr euch gefunden habt und euch berührt, öffnet wieder eure Augen. Ist es wirklich derjenige, den du vermutet hast? Sprecht doch darüber, wie ihr das herausgefunden habt. Und dann schaut euch noch einmal um, wo ihr gerade auf der Wiese steht. Habt ihr das gedacht?

Extra-Glücks-Tipp:

Je häufiger ihr diese Übung macht, desto besser könnt ihr die Geräusche der Schritte einordnen oder spüren, wer euch gerade nahe ist.

Geführt werden

Das braucht ihr:
nur euch selbst und etwas Platz

Genießt es besonders, wenn ...
ihr euer gegenseitiges Vertrauen stärken wollt.

So geht's:

Am meisten Spaß macht dies in der Natur. Verbindet jemandem von euch die Augen und führt ihn ganz vorsichtig. Wichtig ist hierbei, dass ihr ihn nur stützt. Macht an einer anderen Stelle ein leises Geräusch wie ein Vogel oder legt etwas stark Duftendes auf den Weg, sodass ihr nur durch Geräusche, Duft oder eine ganz leichte Berührung sicher führt. Gebt dabei eine sanfte Unterstützung. Sprecht anschließend darüber, wie es euch ergangen ist. War es einfacher, dem Klang zu lauschen, zu riechen oder sanfte körperliche Unterstützung zu bekommen und zu geben?

Extra-Glücks-Tipp:
Versucht, einem schmalen Weg zu folgen. Ist dies für euch einfacher oder schwieriger?

Sternenlicht

Das braucht ihr:
ein Teelicht in einem hohen Glas, goldenes oder silbernes Papier, Schere, Kleber

Genießt es besonders, wenn ...
ihr eine gemütliche und doch sternenreiche Stimmung haben möchtet.

So geht's:

Schneidet aus dem Papier kleine Sterne aus. Hierzu könnt ihr das Papier falten und die Hälfte eines Sterns an der Faltkante ausschneiden. Wenn ihr das Papier wieder öffnet, seht ihr dann einen ganzen Stern. Schneidet Sterne in unterschiedlicher Größe aus. Auch an den Papierrändern gelingt es euch bestimmt ganz leicht. Wickelt nun das Papier um das Glas herum. Achtet darauf, dass das Teelicht sehr weit unten im Glas steht, sodass weder die Flamme noch die Hitze mit dem umwickelten Papier in Berührung kommen können. Wenn es Abend wird und ihr das Teelicht anzündet, habt ihr eine wunderschöne Sternenkerze in eurem Zimmer, deren Sterne auch an den Wänden leuchten.

Extra-Glücks-Tipp:

Ihr könnt auch ein Glas nehmen und es so mit Modelliermasse umhüllen, dass kleine Sternenfenster entstehen. So entsteht auch wunderschönes Sternenlicht.

Meditationskerze

Das braucht ihr:
eine etwas größere Kerze in der Farbe eurer Wahl (besonders schön sieht aber auch Weiß aus) sowie mehrere Wachsplättchen, aus denen ihr verschiedene Formen bilden könnt

Genießt es besonders, wenn …
ihr meditativ zur Ruhe kommen möchtet.

So geht's:

Gestaltet aus den verschiedenen Wachsplättchen kleine Formen, die euch gut gefallen, wie kleine Herzen, Blüten, Schneeflocken, Kreise und was auch immer euch gefällt. Natürlich könnt ihr auch Fantasieformen benutzen. Nun legt ihr die Formen vorsichtig auf die Kerze und drückt sie etwas fest, damit sie auch gut halten. Genießt eure individuelle Meditationskerze, wenn ihr wieder etwas mehr zur Ruhe kommen wollt. Vielleicht könnt ihr auch ein kleines Ritual hierfür entwickeln und nach einem anstrengenden Tag zu Hause erst einmal eure Kerze anzünden und ihr Leuchten genießen.

Extra-Glücks-Tipp:

Die Meditationskerze eignet sich natürlich auch für andere besondere Gelegenheiten, wie zum Beispiel für eine Feier oder für ein gemeinsames Essen. Sie vermittelt eine besonders schöne und ruhige Stimmung.

Wovon soll das Kuscheltier träumen?

Das braucht ihr:
ein Lieblingskuscheltier zum Einschlafen

Genießt es, wenn ...
ihr ein schönes Einschlafritual ausprobieren möchtet, das gleichzeitig auch Kindern die Angst vor schlechten Träumen nimmt.

So geht's:
Macht es euch vor dem Zubettgehen richtig gemütlich – vielleicht sogar in eurer Kuschelecke oder ganz einfach im Bett selbst. Sucht euch ein Lieblingskuscheltier aus. Überlegt nun gemeinsam, wovon das Kuscheltier diese Nacht träumen soll. Gibt es etwas besonders Schönes für das Kuscheltier? Möchte es gerne etwas erleben wie den Elfentanz auf einer bunten Blumenwiese, auf der die Tautropfen der Abenddämmerung noch funkeln? Oder eine Reise an einen Ort, an dem es ganz warm ist und man an einem goldgelben Strand ganz toll spielen kann? Oder will das Kuscheltier lieber von vielen Freunden träumen, die es trifft? Vielleicht haben sie prima Ideen zum Spielen? Überlegt euch euren ganz persönlichen Traum, der euch etwas sehr Schönes zeigt. Und wer weiß, vielleicht wird ja gerade euer Traum Wirklichkeit!

Extra-Glücks-Tipp:

Dies ist auch ein schönes Ritual für jeden Tag. Es macht viel Spaß, sich gemeinsam fantasievolle und positive Dinge auszudenken, nach denen besonders Kinder gut und ruhig schlafen können.

Tag der Engel

Das braucht ihr:
nur eure Aufmerksamkeit

Genießt es, wenn …
ihr den Engeln einen Tag widmen wollt.

So geht's:

Heute ist der Tag der Engel. Sucht euch hierzu einen Tag aus, der für euch stimmig ist. Achtet heute besonders darauf, ob euch Zeichen der Engel begegnen. Vielleicht findet ihr mehr Federn als sonst, oder ihr lest »zufällig« mehr über Engel – oder ihr seht Engel häufiger auf Bildern. Vielleicht spürt ihr die Engel auch einfach mehr als sonst. Manchmal sind es Kleinigkeiten, die euch sagen, dass ihr auf dem richtigen Weg seid. Sprecht am Ende des Tages über eure Erlebnisse. Ihr könnt dazu natürlich eine schöne CD mit himmlischer Musik hören, eine Geschichte über Engel lesen oder ein gemeinsames Engelbild malen.

Extra-Glücks-Tipp:

Ihr könnt auch einen anderen »Tag des ...« feiern. Was spricht euch besonders an? Ein Tag des Herzens, der Einhörner oder der Freude? Probiert es aus!

Rückzugshöhle

Das braucht ihr:
einen großen Umzugskarton, Farben und kleine Dinge zur Dekoration

Genießt es besonders, wenn ...
die Kleinen von euch einen Rückzugsort brauchen, an dem sie ganz ungestört ihren Gedanken nachgehen und ihre Gefühle spüren können.

So geht's:

Ihr benötigt einen möglichst großen Umzugskarton, den ihr im Baumarkt kaufen könnt. Schneidet vorsichtig die Faltlaschen ab, sodass der Karton nun eine offene Seite hat. Nun stellt ihr den Karton umgekehrt auf den Boden. Eine schon fast perfekte Kuschelhöhle. Schneidet nun einen halbrunden Eingang an eine Schmalseite sowie verschiedene Fenster an die Längsseiten. Schneidet die Fenster aber nicht ganz aus, sodass man sie auf- und zuklappen kann. Schon ist die Rückzugskuschelhöhle fertig. Natürlich muss sie noch schön dekoriert werden. Malt sie ganz nach euren eigenen Vorstellungen an: wie ein gemütliches Häuschen, eine kleine Burg oder ...

Extra-Glücks-Tipp:

Höhlen zum Rückzug sind manchmal sehr wichtig. So kann man es sich mit dem Lieblingskissen und einer Taschenlampe dort richtig gemütlich machen. Achtet auf genügend Öffnungen zum Durchlüften!

Schutzengel verschenken

Das braucht ihr:
Modelliermasse und Unterlagen

Genießt es besonders, wenn ...
ihr jemandem eine besondere Freude machen wollt.

So geht's:

Formt aus der Modelliermasse kleine Schutzengel, die nicht größer als eure Hand sein sollten. Wenn ihr sie flach gestaltet, könnt ihr sie später an ein Regal lehnen oder sie als Anhänger wunderschön zur Geltung kommen lassen. Möchtet ihr sie ausformen, so könnt ihr sie auf den Tisch stellen. Nehmt am besten Modelliermasse, die von selbst trocknet. Bestimmt freuen sich ganz viele Menschen über eure Schutzengel.

Extra-Glücks-Tipp:
Ihr könnt den Engeln nach dem Trocknen auch eine Farbe geben. Spürt einfach in euch hinein.

Über die Autorin

Dr. Jessica Lütge ist Pädagogin, Grundschullehrerin und psychologische Beraterin. Ihr Anliegen ist es, dass Kinder und Eltern gemeinsam Wertschätzung, liebevolle Geborgenheit und Freude in einem Raum des Vertrauens erfahren können.

Scott Alexander King

Krafttiere für Kinder

Ein Kind in unserer modernen Welt zu sein, ist manchmal schwierig, wenn man eine Entscheidung treffen muss, es einem nicht gut geht oder man traurig ist. Wie schön, wenn man dann einen Freund hat, mit dem man reden kann, der zuhört und hilft. Krafttiere sind diese liebevollen Freunde, die dich unterstützen, dir helfen und dich beraten.

Schon die alten Kulturen wussten, dass wir mit den Tieren kommunizieren und von ihnen lernen können. Auch du kannst mit den Tieren sprechen, und dieses wunderschön illustrierte Kartenset hilft dir dabei, die Botschaften der Tiere zu verstehen. Wann immer du den Krafttieren deine Sorgen und Ängste mitteilst, werden sie dir Antwort auf deine Fragen geben, dir Kraft und Vertrauen spenden und dich auf deinem Weg durch das Leben begleiten.

45 runde, farbige Karten, Ø 10 cm, mit Begleitbuch, 160 Seiten, broschiert, in Box
ISBN 978-3-89845-363-9
€ [D] 16,90

Ingrid Auer

Engelsymbole für Kinder

Liebevolle Begleitung im Alltag

Integrieren Sie die Engel in den Alltag Ihrer Familie!

Dieses Set aus 21 neuen Engelsymbolen, kindgerecht auf runde Karten gedruckt, und einem Buch hilft, die Sensitivität der Kinder zu fördern und unterstützt sie in ihrer Entwicklung. Es hilft aber auch Erwachsenen, ihr Herz den Engeln zu öffnen. Finden Sie als Erwachsener zurück zu dem natürlichen Zugang zur Engelwelt, den Kinder noch haben.

Mit diesem Set unterstützen Sie die spirituelle Weiterentwicklung Ihrer Kinder, denn Kinder lieben Engel – und Engel lieben Kinder.

»Engelsymbole für Kinder« ist gleich doppelt verwendbar: Als gemeinsames »Spiel« für Erwachsene und Kinder und als »spirituelles Aufklärungsbuch« für Erwachsene.

21 runde Engelkarten mit Buch, 202 Seiten, brosch. in Box
ISBN 978-3-89845-065-2
€ [D] 25,90

49 Herzkarten inklusive
3 Anleitungskarten, in Box
EAN 4260075280219
€ [D] 13,90

Maria Anna Schmitt

Herzflimmern

... für Vertrauen, Freundschaft und Liebe

Herzige Wegbegleiter für Vertrauen, Freundschaft und Liebe... Dieses Herzkarten-Set hilft dabei, sich selbst und seine Liebsten besser zu verstehen. Alle drängenden Fragen rund um Freundschaft, junge Liebe und Flirts sowie das Vertrauen zu sich selbst und anderen werden witzig und schlagfertig beantwortet.

47 Herzkarten in Box
EAN 4260075280035
€ [D] 13,90

Claudia Knüppel

Elfen öffnen Herzen

Farbenfroh ist der Zauberwald, in den uns die Künstlerin Claudia Knüppel einlädt, und es wimmelt hier von Naturgeistern, die uns geheimnisvoll, anmutig oder auch frech aus dem schillernden Reich der Fantasie zuwinken. Wunderbar dargestellte Geistwesen, die tiefempfundene Botschaften aussenden als Rat, als Trost oder als Hoffnung für all die, die den Glauben an und den Kontakt zu den lichten Welten des wenig Sichtbaren nicht verloren haben.

120 Seiten, broschiert
ISBN 978-3-89845-202-1
€ [D] 16,90

Mariane Kohler

Glücksyoga

Bewegungsspaß mit Kindern

Der Ferne Osten ist bekannt für seine Techniken der Selbstbeherrschung, um Ausgeglichenheit und Weisheit zu erlangen, die gerade in unserer schnelllebigen Zeit unabdingbar geworden sind. Umso mehr sollten schon Kinder damit beginnen, danach zu suchen. Helfen Sie Ihrem Kind zu erwachen, ganz im Augenblick zu sein, in der Stille, in der Konzentration, auf seine Atmung zu achten, seinen Körper, seine Empfindungen kennenzulernen ... Die Vorschläge in diesem Buch sind dabei einfach und für jeden umzusetzen, dabei immer in kindgerechter Sprache gehalten und zudem lebhaft illustriert.

Für Kinder ab 4 Jahren.

160 Seiten, broschiert
ISBN 978-3-89845-359-2
€ [D] 12,90

Birgit Rusche-Hecker

Wie Tiere unsere Seele berühren

Das Verhalten von Tieren verstehen

Die aus dem Fernsehen bekannte Tierkommunikatorin Birgit Rusche-Hecker arbeitet in ihrer Praxis energetisch und therapeutisch mit Menschen und Tieren. Für dieses Buch hat sie zahlreiche klassische Fälle aus ihrer Praxis gesammelt. Indem sie auch die Tiere selbst zu Wort kommen lässt, beantwortet sie mühelos Fragen wie: Wie – und vor allem was – nehmen Tiere wahr? Wie gehen sie damit um, und wie können wir Menschen unsere Tiere entlasten?

Häufig spiegeln Tiere ihre Menschen und unterstützen sie auf diese Weise in ihrem persönlichen inneren Wachstum. Daher geht die Autorin auch auf ernstere Problemstellungen ein und zeigt in oft bemerkenswerten Dialogen, wie selbst kranken oder traumatisierten Tieren geholfen werden kann, wenn wir lernen, ihre Botschaften zu verstehen.

168 Seiten, broschiert, 2-farbig
ISBN 978-3-89845-260-1
€ [D] 11,90

Lena

Wir Kristallkinder

Liebe, Vertrauen und Wahrheit

Lena ist das erste Kristallkind, das seine Geschichte niedergeschrieben hat: »Mein Leben ist für meine Kristallkollegen wie eine Fernseh-Soap. Sie finden es obermegasuperspannend, dass ich hier auf der Erde bin; sie finden die ganze Erde sehr spannend – ich übrigens auch!« Ohne sich um herkömmliches Standarddenken zu kümmern, schreibt sie über das wahre Wesen der Kristallkinder, ihr Denken und Fühlen, ihre Schwierigkeiten, auf der Erde zu leben, und ihre Erinnerung an den Kristallplaneten.

Präzise Antworten auf offene Fragen sowie wertvolle Hinweise zu grundlegenden Besonderheiten dieser Kinder vervollständigen dieses bemerkenswerte Buch und lassen in uns die Erkenntnis reifen, dass wir im Umgang mit diesen manchmal wundersamen, aber immer auch wundervollen Kindern viel über uns selbst lernen können ...

288 Seiten, broschiert
ISBN 978-3-89845-342-4
€ [D] 14,90

Ingeborg Bergner

Das Diamantkind

Jedes Kind ist eine große Seele

Dieses Buch ist eine Weghilfe, um das spirituelle Wesen der Kinder zu verstehen. Es nimmt Sie mit auf eine Reise in die inneren Welten und führt Sie zu Plätzen, die der Verstand nicht besuchen kann. Es ist ein Ort der Begegnung, wo der suchende Erwachsene auf kindliche Spiritualität trifft, die Sprache der Kinder verstehen lernt und ihr einzigartiges Wesen erkennt.

Als schillerndes Diamantfeuer beleuchten die neuen Kinder unsere Schattenseiten und zeigen uns, was es bedeutet, die Verstandeswelt mit ihren materiellen Wünschen und ihren Illusionen zu verlassen, um frei zu werden durch inneres Erwachen – Diamantkinder sind im wahrsten Sinne des Wortes die Toröffner für ein neues Zeitalter.